臺灣鄉村的新出路

蔡宏進　著

五南圖書出版股份有限公司

自序

　　臺灣步向工業化與都市化的過程中，鄉村呈現衰敗萎縮的現
象。因為人口流失，選票減少，故也逐漸少受主政者所重視與關
心。事實上在這種變遷的過程中，鄉村又呈現新的情勢、新的意
義，具有新的價值，扮演新的角色，也有新的出路。鄉村的新情
勢、新意義、新價值、新角色與新出路不是虛構的，是存在於當前
社會中的事實。此種新情勢、新意義、新價值、新角色與新出路的
建構來自鄉村的本質與特性，其在大社會中占有一定的地位，享有
一定的權利，也需要盡一定的責任，並有其一定的行為準則。鄉村
的新情勢、新意義、新價值、新角色與新出路既是天賦的，也是自
覺的，在大社會中具有單一性與獨特性，常與城市社會相對應。臺
灣鄉村人口所占比例較前減少，但總數量還有很多，鄉村的腹地也
還很廣闊，因此其在當前社會與國家中的地位與角色還很重要，沒
理由被國人所忽視，應該要有了解並能同情的人去加以關心、揭發
與認定，其新出路更應備受重視。

　　鄉村的新角色與新出路可從許多方面著眼，恰當的看法應是
具有客觀的重要性，涵蓋、關聯與影響眾多的人民，主觀上，這些
新角色與新出路則是探討者與關心者較有感觸、認為較有意義、較
能肯定又較有把握說明與理解的方面。合併客觀與主觀的新出路，
成為包含多項重要指標的新情勢、新意義與新角色。這本書的內容
也含有社會學、經濟學、文化學、農學、人文區位學、環境學、政
治學與行政學、休閒遊憩學、道德學、公共衛生學、教育學、傳播
學、鄉村研究、通識教育、臺灣研究等多種人文社會科學的應用性

質與整合研究。

　　鄉村的重要出路常要從其與都市、社會和國家的變遷與發展的關聯展現出來，也常從其對於人民的功能與貢獻中看出。鄉村與社會及國家變遷與發展的關係，有可能是主動的影響者，也可能是被動的接受者，接受影響或接受支配。本書中所指鄉村的新出路，是指鄉村受到社會與國家變遷與發展的衝擊、挑戰與考驗，經歷調適，變為與前不同的走向，也因為外部環境的變化，鄉村內原有一些事物雖然未有太大改變，但處在新的環境與情勢下，卻可以也應該賦予新的意義、價值與使命，也必扮演新的角色，並且克盡新的功能。

　　我是學習社會學與經濟學也關心人文學的人，又對臺灣鄉村的研究有偏好、機緣及使命，據此立場與背景，本書所探討的鄉村新角色與新出路面向必也偏向社會經濟與人文方面，也關係到鄉村人民的生活與命運這些方面。這些新角色與新出路面向也常為鄉村及全社會上的許多人所關心，並想要了解，尤其值得居住都市的鄉村移民及其後代做為飲水思源與尋根之對象，將之探討、分析與說明，可解關心者之疑惑，也可藉由改善鄉村的情況與條件，樹立鄉村發展的新目標，達成對鄉村的新期待。

　　我的一生過慣教書與寫作的生活，退休之後無書要教，也無論文要寫，覺得有些不習慣，於看膩了電視之後，覺得不如坐回書桌前，拿起筆桿思想與書寫文字，會較為習慣，也較快樂自在。於是我決定選擇以較自由放開的方式寫一本我熟悉也關心的書。自由放開的意思是較少受學術規範的約制，能較隨著興趣也較輕鬆下筆。但是這樣的書寫起來也不很容易，因為我對熟悉與關心的事已寫成許多本書，要再找新鮮的課題實有一些為難。經仔細思考之後，決

定繼續撰寫這本《臺灣鄉村的新出路》，從社會變遷的過程中找出鄉村的新特性、新角色、新任務與新價值。慶幸還能找到一些新意，也能克盡一些職責。筆者寫書習慣參照大學教科書的模樣，也希望本書能供為大專院校中的社會學、經濟學、文化學、農學、人文區位學、環境學、政治學與行政學、休閒遊憩學、道德學、公共衛生學、教育學、傳播學、鄉村研究、通識教育、臺灣研究等學科做為部分教材或參考之用。

　　本書的出版尤其希望能與有鄉村淵源及關懷鄉村的大學生及社會大眾共同勉勵與認同，經由對臺灣鄉村新情勢、新意義、新價值、新角色與新出路的認識與了解，共同協助鄉村對國人與社會盡更多更大的貢獻。五南圖書公司能支持弱勢的鄉村，同意印行此書，使讀者能方便閱讀，在此表示至深的敬謝之意。

蔡宏進　謹識

二〇一六年一月

目錄

第一章　外移的人口與人力及影響

一、遷移使生活方式與內容大改變

　　臺灣的鄉村人口在過去很長的時間都安土重遷，堅守故鄉家園，過著農耕的生活方式。但自從都市化以後，許多人口遷移到都市，生活方式與內容大異於前。重要的生活改變約可分三大方面說明。

（一）工作方式與內容變了樣

　　鄉下的人口外移之後，工作上幾乎不再如在家鄉時務農耕作，重要的改變方式是在工廠工作，或在城市中從事各種各樣的商業與服務事業。改變後的工作多半比在家鄉種田時飽受日晒雨淋較為輕鬆，其中較有本事者可從事辦公室工作，工作的性質更加輕鬆與舒適。但是商業及服務工作卻不能像務農耕作般自由自在，受他人聘僱的工作，來自雇主的壓力通常不低，因此工作壓力反而會比以前種田時大。

（二）生活水準可能提升，生活方式與內容也可能較舒適

　　人口遷移的動機或理由常是為了要找較好的工作，賺較多的錢，過較好的生活。鄉村的人遷移都市多半也都是持這些動機，結果多半也都能如願。遷移之後獲得成功與發展者多半比失敗與變差者多。事實上有不少從鄉村遷移都市的人，後來都非常飛煌騰達，其生活方式與水準也都大有改善。

（三）有機會遭遇新事物及經驗新社會關係

人口遷移後另一種生活方式與內容的改變是，有機會遭遇新事物及經驗新社會關係。這種改變禍福難料，都有可能發生。所遭遇的新事物多半是都市生活的新花樣，所經驗的新社會關係多半會是次級性的關係。

臺灣約自一九五〇年代末鄉村人口開始明顯遷移都市，約至一九六〇年代末達到高峰。促成人口遷移有推拉兩種重要力量，亦即鄉村的推力及都市的拉力，共同造成人口從鄉村遷移都市。鄉村的主要推力是農業所得偏低、農業外的就業機會缺乏；都市的主要拉力有許多種，包括較高所得水準、較多較輕鬆的工作機會、較充足的公共設施及服務。

二、都市化與工業化相伴隨

人口遷出鄉村，進行都市化，與工業化過程有密切的關係。約在人口大量從鄉村遷出的期間，臺灣的工業也開始蓬勃發展。工業發展需求人力，主要來自農村。工業產品也需要銷售，主要銷售與貿易公司都設立在都市，需要許多人力，也以鄉村為主要來源。工商業經濟發展過程中，政府部門也必要增加許多行政與管理人力，包括吸收從農村中接受較高教育的青年人力與人才。

臺灣工業化與都市化的過程，許多人口與人力遷地工作與居住，鄉村人口與人力大量流失，都市吸收許多人口與人力而快速膨脹。小都市變成大都市，大都市變成大都會。都市地區因為人口大

量流入，乃不斷蓋樓建屋，供應需求。鄉村地區因為人口流失而變為衰微空虛。工業化肥了工商業，卻瘦了鄉村。

三、鄉村移出較多的青壯人口與人力

（一）青壯年人口容易遷移

不同的人遷移能力有差異性，有的人較容易遷移，有些人較不容易遷移。用另一句話說，遷移人口具有選擇性，亦即選擇合適的人口遷移。從遷移者的人口性質看，青壯年齡是最容易遷移的一群人，道理至為明顯，這種年齡的人身強力壯，遷移後工作生活都較容易適應，也較有可為。多數的人遷移是為了工作討生活，青壯人口遷移都市後，就職較為容易，工作也較能順利，賺錢養家都較有可為。

（二）影響都市產業活絡

大量的青壯人口自鄉村遷移都市，對於城鄉兩地人口的年齡結構都有很大的衝擊與影響，一方面影響城市地區短期內青壯年人口增加，人力充沛，也影響都市的生產能力增高，產業活絡。這些移入的青壯人口有的投入到都市郊區的工廠當工人，從事工業工作，有的則留在市中心，被聘僱從事商業或服務業，也有的人自己創業，開拓自己的事業。

（三）影響鄉村蕭條

另一方面在鄉村地區，因為青壯年齡人口外移流失，勞力減少，農場上的農業缺乏人力經營與照顧，生產能力下降，影響農業衰敗，農村蕭條。因為青壯年齡的人口不僅是生產的主力，也是重要的消費者，移出之後，不僅影響農業生產衰落，也影響小鎮上的各種消費沒落。過去臺灣以農業經濟為主流的時代，每個小鎮都有戲院等休閒娛樂場所，但自從青壯人口外流之後，再加上家中電視與網路娛樂的發達，這些戲院及其他娛樂場所都陸續關門。其他多種商店的生意也都變差，小鎮的經濟也都逐漸沒落蕭條。

鄉村青壯人口外移，必然導致農村家庭的人口結構大為改變，不少農村家中留下老人，也有由老人照顧小孩者。往後階段，不少遷移的青壯人口將其逐漸長大的子女接到城市較佳的學校就讀，鄉村的老家就只剩下老人看顧家門。直到老人年邁力衰，無法照顧自己時，有的被接到城市供青壯的兒女奉養，有的則請外地女傭留鄉看護，也有被送進養老中心或安養院長期照護者。直到留鄉的老人過世，鄉下的老家就變成無人居住的空屋，較多空屋的村落就愈變成死氣沉沉，毫無生氣。

四、鄉村地區也流失高教育的人才

（一）教育程度是另一重要的遷移選擇條件

遷移人口另一種重要選擇條件是教育程度，受較高教育程度的人普遍較受勞動市場需要，就業較為容易，生活適應能力比較強。

遷移後，工作與生活調適都較容易成功，因此都較容易遷移。

　　在臺灣人口都市化的過程中，鄉村少有的受較高教育的人口少有留住者，多半遷移城市尋求較舒適的工作機會，終究都會在城市居留落戶。

（二）形成鄉村流失人才與腦力

　　受較高教育程度的人腦力通常都較好，這些人是具有較高能力的人才。當其從鄉村中遷移城市，也造成鄉村地區流失腦力及人才，致使鄉村喪失計劃及推動發展的重要人力，對於鄉村社會、經濟、文化與政治等方面的建設與發展都有不良的影響與後果。

　　鄉村地區缺乏受較高教育的人才，也就較缺乏有能力的人可為鄉村的發展動腦筋，謀策略與圖計畫，使鄉村發展欠缺動力，尤其欠缺帶動變遷與改革的領導者。雖然有些從鄉村移往都市的人才，也有可能返鄉回饋，提供發展生意與實質財務的贊助，卻都是臨時性與短期性的貢獻，未能長期留鄉，時時注意故鄉的問題，並投入故鄉的建設。

五、移出的性別組合也會失衡

（一）遷移的性別選擇性較低

　　在古今中外人口遷移的經驗中，性別的選擇性是相對較低的一項，不像在年齡方面明顯選擇青壯年齡者，以及選擇教育程度較高者。性別方面選擇性較低，表示男女兩性遷移程度較少有差別，同

樣都有可能遷移，或不可能遷移。但是過去有些研究證實，短距離的遷移，女性比男性多，而長距離的遷移則相反，尤其是跨國性的遷移，男性會比女性多。

男女兩性差別的遷移與遷移的目的或特性甚有關係，較危險性或較需要使用粗重體力的工作，所招募的遷移者常以男性為主要考慮，前者如為探險或開礦而招募人力的遷移，多半以男性為主。在十九世紀歐美的築鐵路工人，甚多是男性的華人，飄洋過海到遠地用體力打工。女性人力在國際間長距離的遷移以護士專業者及家庭幫傭人力最為常見，也最具代表性。

（二）臺灣鄉村移出人口女性不比男性少

臺灣島內的空間範圍不大，各地的訊息流通、人口遷移都市的過程不難，危險性也不大，因此從鄉村遷移都市的人口，女性不比男性少。在最大的都市臺北市，青年人口的性別比率常低於100，這表示女多於男，部分表示移入的青年人口女性不比男性少。自鄉村移入都市的女性青年人口多，與都市服務業發達、需求多量的服務人力有關。

（三）性別失衡的人口遷移造成原住地婚姻困難的問題

臺灣不少偏遠地區女性人口的移出甚為普遍，留下少數繼承田產及守護家門的男性，尋找婚姻對象發生困難。筆者曾經統計分析臺灣各鄉鎮區人口遷移狀況，發現若干偏遠的山地鄉女性青年人力流失嚴重，形成當地青年人口性別比例嚴重偏高，有高至男女的比例接近2：1的情形，結果是留鄉的男性人口很難找到結婚的對象，

以致會有年輕丈夫娶年長妻子，以及娶了不少外籍新娘的情形。目前臺灣男性娶東南亞及中國籍的新娘共有數十萬人，其中甚多分布在偏遠的鄉村地區，此與偏遠鄉村地區的女性青年大量流失有直接的關係。

六、改變城鄉人口比例

（一）都市人口比例上升鄉村人口比例下降

人口從農村遷移都市，對於鄉村與城市的基本效應或影響是，使城市的人口增加，卻使鄉村的人口減少，兩者人口占全國人口的比例一增一減。原來的城小鄉大的人口比例後來反而變爲城大鄉小。筆者曾計算在一九六四到一九七八年間臺灣城鄉兩地人口所占比例的消長，市的人口當爲都市人口，其餘爲鄉村人口，則在此期間，都市人口所占比例由28.7%增至41.9%。此後不少原來爲鎮之地升格爲市，原來的縣也有合併成市，目前都市人口已占很高比例。依據內政部及行政院主計處公布的資料，在二○○三年時我國城市人口的比率爲69.1%，同時間鄰近的日本都市人口比率爲63.1%，南韓爲73.8%，美國則爲80.1%。十一年後的二○一四年，都市人口的比例應會再提升不少。

（二）都市成長的幾種現象

臺灣鄉村人口移往城市的過程，出現幾種重要現象，一種是大都市增加的人口數較多，逐漸變成大都會；大臺北、大高雄與大臺

中都變成都會區。第二種現象是小都市人口增加率較快，逐漸升格為較大都市。第三種是農業區內的小都市成長的速度較為緩慢。第四種是大都市內的老社區人口曾有減少現象，但到了晚近，局部的老社區實施更新計畫，人口有再回升情形。

（三）鄉村人口再分配的性質

在人口都市化的過程中，鄉村人口的再分配也呈現三種重要性質，第一，圍繞大都市附近的鄉鎮有多數及高比率的淨移入人口；第二，設有工業區的鄉鎮人口移出率較為緩和，甚至會有人口移入；第三，農業地帶人口大量移出。

以上列舉幾種都市及鄉村人口在都市化過程中的重要現象，是筆者經過統計分析，在一九六四年至一九七八年各鄉鎮市區人口變動的結果，這期間臺灣鄉村人口外移的情形相當可觀，亦即都市化的進行速度也相當快。

七、鄉村人口老化及其問題與功能

（一）全臺灣人口老化水準

臺灣人口老化的進展快速，依內政部通報的最新人口統計資料，至二〇一四年六月底，臺灣滿六十五歲的老年人口共有兩百七十四萬餘人，占全人口的11.75%。我國人口老化的水準與鄰近的南韓相近，在二〇一二年時，滿六十五歲人口同為11%餘，同年美國為14%，日本為25%，全世界為8%，已開發國家為17%，

開發中國家為6%，可見當前我國人口老化的水準已超越全世界的水準不少，超越全部開發中的水準更多，與全部已開發國家的水準比較也相距不遠。

（二）鄉村人口老化態勢更為嚴重

臺灣在人口老化的過程中，鄉村地區老化的水準比都市地區老化水準高，問題也更嚴重。城鄉人口老化差異情形大約可從各縣市老年人口所占比率不同的情形見之。在二〇一三年底，當全國人口滿六十五歲者所占比率為11.53%時，較鄉村性質的嘉義縣高居16.43%，水準最高，其次是雲林縣的15.77%；同時間臺北市老年人口比率為13.5%，新北市僅為9.48%，臺中市為9.39%，桃園縣為8.9%，是各縣市中最低者，因為桃園為工業大縣，擁有眾多青壯年齡的勞工。

居住在鄉村的老人，因缺乏年輕的兒女在身邊，起居生活常有缺乏照料的問題，尤其當生病或意外事件發生時，常會發生危險事故，未能急救，以致會有較多意外死亡的情形。

老人常被社會及家人認為是拖累與負擔。人到老時如果健康不佳，行動不便，不能處理自己的事務，確實會給家人及社會許多的拖累與負擔。但是健康樂觀的老人對家庭及社會常會有不可忽視的功能與貢獻，其功能與貢獻可分為一般性及特殊性兩大方面，前者是指一般老人同樣可盡的功能與貢獻，不論住在鄉村或城市的老人，都具有的共同特性，重要的是對知識與事理的經驗豐富老到，成熟老練，老成持重，老謀深算，這些特質都比年輕人的功能與貢獻有過之無不及，當可為年輕人的榜樣與借鏡。

後者所指特殊性是因其住在鄉村地區的特殊條件與處境，這種條件與處境所展現出來的特殊功能與貢獻，重要者有兩項，一項是替移出的年輕子女照護家園、土地，乃至其後代子女；另一項是爲守護鄉村，使其延續不滅，守住農村的住屋，不使其破落，守護田產不使其荒蕪，也守護寺廟宗祠，不使其香火斷絕。有老人留鄉，使鄉村展現生命與氣息，到了夜間，村落房屋還能散發燈光，也還有路燈照明，以及雞鳴狗吠。到了假日新年還能吸引不少外移子弟返鄉祭祖並湊熱鬧。

八、移動人口對都市建設的貢獻

（一）供獻勞力

從農村遷移都市的人口，通常是工作能力旺盛的人力，對於都市的建設具有兩項重要的貢獻，第一種貢獻是爲都市獻出人力，包括勞力與腦力。其貢獻的人力都是都市所需要者，包括爲都市從事勞動性或智力性的工作、協助都市發揮功能，進行建設與發展。

多半本來未受良好教育的鄉村務農遷移人口，到了都市都從事較勞動性的工作，包括建築工人、清潔工人、守衛、端盤子打工，或是小販。受較好教育的農家子弟，則有可能成爲技術人員或坐辦公桌的白領工作者。各種各樣的工作都是多樣複雜的都市社會所必須，如果缺乏這些勞動力，都市的活力可能無法正常運作。

（二）注入資金

從鄉村遷移都市的人口，對於都市的第二類重要貢獻是為都市注入資金。不少移民於離鄉離農時可能同時攜出資金，供為到都市發展之用，用來購屋安居，或用為做小生意、經商、開小工廠的資本。有這些從鄉村來的資金注入都市，使都市的經濟更充實與活絡，帶動都市的發展。

鄉村人較缺少現金資金，其主要的資金在土地財產上。移民需要在都市投入資金時，多半都經過變賣土地得來。一般鄉村農地的價格與市地價格比較，相對便宜，因此賣地求資數額有限，要在都市買房置產或投資產業，作用不大。一般只能小本經營，必要腳踏實地，一步一腳印，才能有發財致富的機會。到了都市未能善為工作投資者，也會下場悽慘與失敗。

九、移民導致都市失業者及無殼蝸牛

（一）導致都市失業者

城鄉移民導致都市失業者有兩種可能，一種是移民本身缺乏工作能力與意志，以致失業；另一種是搶走部分原是都市人的工作，致使原都市人被淘汰而失業。都市的工作類型和性質與鄉村的農業工作甚為不同，鄉下人進城工作通常有一段調適過程，有些工作需要經由學習或接受訓練後才能獲得技能，並可勝任。來自鄉村的移民，如果未能學習或受訓成功，便難獲得工作機會與就業。

城市中有不少工作機會在等人，但是來自鄉村的移民卻常因訊

息不靈通,或缺乏熟人引進推薦,也可能無法與就業機會接觸,形成失業狀態。不少無技術能力的移民,於走投無路時,常會流落街頭,或在大橋下的人力市場等待做臨時工。

(二)導致都市的無殼蝸牛

在許多都市化進展快速的國家,由鄉村湧入都市的人,多半都無適當住宅,乃搭蓋違章建築,暫時棲居。臺灣的都市已不容許違章建築,也缺乏公地可蓋違章住宅,今日已較少見在路邊、河濱或公有土地上搭蓋違章建築的情形。不少自鄉村到都市的移民,在缺乏能力購買自有住宅之前,不得不租屋居住,成為無殼蝸牛一族。

都市中的無殼蝸牛常是最不滿政府住宅政策的一群人,也是都市生活中比較不安定的一群人,因此也是都市中較容易參與不滿政府的示威群眾,對於都市的安定較有威脅性,因此,也較需要市政當局費神幫其解決或減輕居住的問題,常成為市政建設與福利行政的負擔與隱憂。

十、城鄉人口遷移無助於縮短城鄉差距

理論上,人口自鄉村遷移城市常是因為鄉村的所得水準相對較低,經濟生活水準較差。遷移的目的為能追求經濟生活水準趨於平等,但是此種追求經濟改善的城鄉移民,並無助於縮短城鄉經濟水準的差距,反而有拉大差距之可能。重要道理有下列幾點。

（一）移民流失鄉村中工作能力較強的人民

自鄉村遷出的人口或人力與留鄉人口比較，移民的工作能力都較強，能改善經濟條件能力也較強。留下未移出的人口，改善經濟能力缺乏，致使鄉村的經濟每況愈下，落後城市的程度也愈高。

（二）移民帶走鄉村的資金，使鄉村的經濟更加空洞化

不少有移出人口的鄉村家庭，通常都會將家中的積蓄資金獻給移民到都市謀發展，移民反而掏空鄉村的經濟資源。

（三）移民無助鄉村經濟發展

移民到城市發達之後滯留不歸，助長城市發展繁榮，卻無助鄉村經濟的發展。自鄉村遷移城市的人口定居以後，乃變成都市人，被歸類成城市人族群。發達致富者多半將財富留在都市中投資運用與消費，少有回饋鄉村者。

綜合前列三種道理，人口遷移的結果致使城市愈富有、愈發達，鄉村則相對愈空乏、愈貧窮，城鄉差距有增無減。

近來都市發達後，在廣闊鄉村地區設置休閒娛樂設施，吸引城市人前往消費。有些鄉村地方因為觀光旅遊人潮熱鬧滾滾，像是有繁榮發達的景象，但因不少投資者是住在都市的財團，在鄉村地區發展休閒遊樂事業，造成鄉村繁榮的假象，錢還是被賺回到城市去。唯有由鄉村在地人經營的休閒旅遊事業，賺了錢才能真正留在鄉村，用為改善鄉村的經濟條件，促使當地的經濟發展。然而這種由當地人經營的休閒旅遊事業，都是小資本小規模的型態，其繁榮鄉村的效能也都較有限度。

參考文獻

內政部，2013，《臺灣人口統計要覽》。

廖正宏，1985，《人口遷移》，三民書局印行。

蔡宏進，2004，〈臺灣內部人口移動對人口組合之影響〉，《臺灣人口與人力研究》，唐山出版社印行，69-98頁。

蔡宏進，2004，〈臺灣工商業發展與城鄉人口再分配及結構上的改變〉，《臺灣人口與人力研究》，唐山出版社印行，161-168頁。

第二章　鞏固婚姻與家庭制度

一、鞏固婚姻與家庭的心理基礎

（一）愛惜是必備的心理

　　要求婚姻與家庭鞏固必須具有心理的基礎，而愛惜是最重要的必備心理。有此心理，個人對於婚姻與家庭才會願意付出，並盡責與犧牲奉獻，婚姻關係才能和諧持久，有和諧美好的婚姻，家庭也才能永固。這種愛家才能固家的道理甚為簡單，卻常為人所忽視，於是社會上許多婚姻關係緊張，家庭關係也脆弱，兩者都不穩固，實在值得大家警惕。

（二）將愛惜心理轉換為行為的必要性

　　愛惜婚姻與家庭是鞏固婚姻與家庭的必要基礎，這種心理還需要付之行為，才能較有功效。愛惜婚姻與家庭的行為表現具有多重的可能機會與面向，包括盡責養家護家、照護幼小兒女及年老長輩，以及對配偶的體貼及尊重。適當的行為表現則甚為微妙，但也相當具體，不僅可使旁人清楚看出，夫婦間與自家人也都能深深的理解與體會。每個人盡一分努力就會有一分效果，鞏固的婚姻與家庭就靠這一分的心思與努力表現在行為上而建立與達成。

二、農業工作有助夫妻及全家人的親密互動

　　住在鄉村的人絕大多數都以務農為生，農業的工作與生活方式是甚能維護夫妻及全家人關係親密的活動，因此也有助鞏固婚姻與

家庭關係和組成。就農業工作與生活型態的這種功能分成幾點說明如下。

（一）農田上的工作需要夫婦及全家大小一起行動

農田上的播種、收穫，以及作物生長期間的除草工作等，常需要許多人在一起行動才比較方便，也較有條理與效率，因此多半的田間作業都要全家人，至少是農民夫婦兩人一起工作，在工作的過程中共同經由日晒雨淋，也共同經歷與體會辛苦與甜美。到了晚近農業機械化普遍使用以後，田間的操作才較多見只有一人操作機械工作的情形，但所工作的農地是全家人的身心需求與生活維繫，未同時到田間工作的另一半或其他家族成員的心中亦牽掛著那口田，以及在田地上操作機械的人。

（二）田園上的空間廣闊，人煙稀少，有助一起工作的夫妻及家人拉近情感

人處在空曠田野間的心理感覺，與處在嘈雜的市井或在車水馬龍的眾多人群中的感覺絕對不一樣，曠野中的農夫農婦以及少數家人，仰天遠望、環顧四周並無其他的人，身邊只有另一半或其子女及其他家人，必須相互合作，才能順利完成工作，也必須相互支援才能克服難題。有話只能對身邊的人說，求得情感上的溫暖與安慰，這種工作環境對於穩固婚姻與家庭很有正面的幫助。

（三）在農家的生活中習慣許多禮儀性的慶典活動，是維繫鞏固婚姻及家庭關係的重要力量與因素

　　農家禮儀性的慶典活動有祭拜神明與祖先，以及壽慶活動，還包括為親戚朋友與鄉居賀禮或送終，都習慣以家庭為單位呈現與表示，這些禮儀活動也具有維繫夫妻之間以及全家人之間的密切關係與同心協力，對於鞏固婚姻及家庭關係與組織的作用也極正面。

　　鄉村地區因為農業工作與生活等特性，婚姻與家庭都較鞏固，對於當前全臺灣家庭離婚率很高的情勢具有模範與提示的意義與作用。為了能使臺灣人民的婚姻與家庭鞏固，即使不能使臺灣人的工作與生活回到以農業與鄉村為主流的時代，至少對於這種優良的社會傳統精神與意義，也有必要多做追憶與回味。

三、鄉村人口的離婚率較低

　　婚姻鞏固與否可由離婚率具體反應。臺灣鄉村人口的婚姻比都市人口的婚姻鞏固，也可從其較低的離婚率見之。依照行政院主計處的統計，在二〇一三年時全臺灣人口的離婚率為2.30‰，幾個都會區或都市的離婚率都相對較高，依次是桃園縣2.77‰、基隆市2.69‰、新北市2.57‰、高雄市2.39‰。然而數個較鄉村或農業縣份的離婚率都相對較低，依次是彰化縣1.72‰、雲林縣1.95‰及南投縣2.00‰；也有鄉村縣份如臺東與花蓮兩縣離婚率並不低，分別是2.68‰及2.66‰，此與其境內有較高比例的原住民人口有關。

　　鄉村的人口離婚率相對較低，表示其對於婚姻較為珍惜與重視，原因除了前節所提因農業工作的性質使然之外，還有多種其他因素，包括對鄉村的人而言因離婚所要付出的機會成本或相對成本較高。鄉村的人為了娶妻結婚，常需省吃儉用，儲蓄聘金的費用，離婚相當於丟失了聘金；此外，離婚的人也容易被認識的人指指點點，必然要付出較高的社會成本與代價。

　　鄉村的人一向較為傳統守舊，也較為忠厚老實，不輕言離婚，以免被他人指點與批評，對於離婚的事比較不感興趣。有關鄉村人民較為傳統穩定的離婚關係，將在下一節再做較詳細討論。

四、鄉村人口的婚姻關係較傳統穩定

　　鄉村的人民婚姻關係較為傳統守舊，這些較傳統守舊的婚姻關係有助婚姻較為穩定。重要的傳統守舊可從如下幾方面說之。

（一）認識的過程較多為經由古法的媒妁之言

　　現代人婚姻的對象多數是經由自由戀愛，認識的過程也多半是當事人經由同事、同學、親戚、朋友介紹或在網路上交際等，少有經由專業的媒人介紹湊合的情形，但是在鄉村地區仍然有較專業的媒人熱心為未婚男女說媒，也有較多的婚姻任由媒人湊合成功。這些專業或專職的媒人都以上了年紀的婦女為多，以做媒為專業之重要的職業。當介紹成功時，多半要收費，但都以收紅包的方式替代明說的價碼。

　　在家鄉從事務農打工、養魚等粗活農作的男性青年，教育程度相對較低，就地娶妻的機會變少，乃有不少與由仲介引進的外籍新娘結婚，先是較多來自東南亞的印尼及越南新娘，後來則較多來自中國。這種由仲介引進的方法是過去歷史上所未見，不能說是古法，但是認識之前，雙方的訊息缺乏，比媒妁之言的方法還封閉，算是同類。

（二）訂婚結婚的儀式都較傳統

　　較傳統的訂婚儀式，女方都要求男方要訂購傳統式的大餅供女方贈送親友。細節則有經男方選購禮餅於訂婚之日整批送至女方家，由女方零星轉送親友，也有以折合現金的方式由女方自行選購禮餅的情形。

　　傳統的鄉村婚禮都在男方三合院或農宅的庭院搭棚辦桌行禮，且男方要殺豬公先祭拜天地，也以神豬當做婚宴的重要素材。婚宴上的食材都由主人陪伴專業辦桌的廚師事先選購。婚宴上的洗菜、送菜等小工則由鄉居幫忙。女方的婚宴則於翌日歸寧時在娘家的庭院舉辦。

（三）新人生兒育女的禮節也較繁複

　　新婚的年輕人生兒育女時，按照較傳統的做法也相當繁複，男方要請親友吃油飯紅蛋，女方娘家則為新生嬰兒準備衣物等禮品，或折合送禮的現金。

（四）各種較傳統的婚姻禮俗有助鞏固婚姻與家庭

以上各種傳統的婚姻過程，都墊高婚姻的社會傳統成本，使結了婚的男女不輕言離婚，家長也較無法同意。夫婦雙方性格實在很不融洽時，仍得忍耐勉強過完一生，雖然有些不幸，但都能將婚姻與家庭鞏固下來。

五、鄉村家庭注重傳宗接代延續家庭命脈

多數的人都重視生兒育女傳宗接代延續家庭命脈，華人社會更如此。就各區的人民來說鄉村的人比都市的人對這種傳宗接代延續家庭的價值觀念尤其重視。在此種價值觀念的影響下，家庭命脈得以延續，家庭組織與制度得以鞏固。在重視傳宗接代的過程中必經過育養兒女的階段，會出現兩個重要現象，將之說明如下：

（一）注重生育兒女的觀念

要延續宗嗣與家業最重要的事是要生育兒女，兒女是自己的親骨肉，是自己身後的替身、自己的姓氏，產業遺志都期待由兒女傳承，他人替代不得。要有兒女傳承，需先生育。因此當鄉村人民的婦女生育上有障礙時，一定要想盡辦法，吃盡偏方藥物，使能恢復生育功能。過去醫術較不發達，少有人能經由使用人工方法受孕，雖今在都市中此法甚為流行，但因費用太貴，鄉村的人仍少接受與採用。

（二）重男輕女的觀念

　　雖然女兒也是後嗣，但是鄉村的人至今仍然重男輕女，只是不像以前嚴重。不少鄉村居民仍然以為傳宗接代要由兒子接辦才是正統，認為生了女兒，終究會出嫁成為外姓的人，女兒生育的外孫傳承是他家的名望與產業，而非本家所有，相信自家的名望與產業要由兒子傳承才是正宗。鄉村人口為了傳承乃有重男輕女的偏差，最明顯的表現在比較捨得花錢讓家中的男孩受較好的教育。

　　因為重男輕女，導致在連續生育多個女嬰的情況下繼續生育，不生育出男嬰不死心，於是造成生育次數偏多，養育的女兒數量也偏多。對於計劃外出生的女嬰有可能送給缺乏兒女的父母或家庭收養，也有用墮胎的方法使女嬰不出世，胎死腹中；較心狠的母親甚或有將女嬰遺棄的問題等情形。

　　由於重男輕女的觀念，當家中男嬰到一定時間或年歲，常有慶賀或道喜的活動，但對女兒就無此種禮節。

六、鄉村家庭注重養兒防老

（一）需要重視養兒的原因

　　過去由政府照護老人生活的制度不發達，人到年老力衰時，只有依賴兒女的扶養。一般養老的職責都落在兒子的身上，嫁出去的女兒則依照風俗習慣負責扶養夫家的父母。

　　到了晚近政府實施老農年金以及老人年金的制度，鄉村老人依賴兒子扶養的程度略為減輕，但仍不能完全取代下一代的扶養職

責，尤其當老人有了重病，或需要專人照護時，需要支出的費用遠多於國家能供給的年金，不足的部分都要由兒子分擔；沒有兒子或兒子不負責時，分攤老人費用的職責可能落在女兒身上。當兒女都不願負責或負不了責時，老人的晚境淒慘。缺乏兒女的孤獨老人慘境更為嚴重，近來社會上逐漸興起對於孤獨老人照護的慈善及福利組織與團體，多少可以減緩一些問題，但普遍仍很不足，距離所有老者都有所養的理想大同世界的境界仍很遙遠。

（二）兒媳可能擔負的養老責任

　　經濟能力過得去，孝心也還俱全的鄉村之子，對於年老的父母都能正常照護。重要的照護內容包括供養食、住等基本生活，有病則使其就醫。當父母行動不便時則要自己辛勞照護或僱請專職的幫傭照護，不使父母有被冷落或被虐待的問題發生。

　　居住在鄉村或出生鄉村但已移居都市的人，在扶養父母方面會有幾項特性，有其可取的一面，也有些問題性，存在的問題實也值得為人子女者警惕並改進。重要的可取之處是多半都能深知扶養的職責，因為這種德行是代代相傳，且是鄉村社會的普遍價值，少有人敢違背。但是問題方面也有多項，第一項是，因為本身的經濟情況欠佳，對於父母的扶養在實質的條件上未能十分周全；第二項是兄弟之間對父母扶養的負擔會有計較。計較付出的費用與勞力要如何分擔，若為父母獨生兒子者，反而較少有這種問題。兄弟對扶養父母的計較，使孝道的意義大打折扣；第三項是遠住都市的兒媳對於住在鄉村的父母難能早晚關照，對於老人生活上的欠缺與問題會有失察，以致未盡周全。

　　雖然鄉村的人在養老方面也有缺失，但大致上看來，兒子對於父母在年老時的依靠意義重大，這也是鄉村的人在年輕時都希望能生育兒子的原因。近來生育率普遍降低，子女數目減少，缺乏兒子的家庭也漸多。以往養兒防老的實際功能，也逐漸有了改變與修正。缺乏兒子而只有女兒的父母，年老時的扶養自然落在女兒的身上，遺產自然也由女兒獲得。近來民法對於父母財產的繼承做了修改，女兒可分獲父母財產；遂為人女兒者在權利上不願放棄，在責任上也得分擔是天經地義的事。

七、鄉村家庭注重孝道

（一）鄉村家庭重視孝道的背景與緣由

　　孝道，一向是鄉村社會的傳家之寶，一代傳承一代，使鄉村家庭充滿融洽和平，一般農家中的長者都期待子孫能盡孝道，子孫也都能安分克盡孝道。

　　鄉村家庭重視孝道有幾項重要的背景與緣由，第一，大多數的家庭都是清苦人家，上一代勞苦種田工作，下一代都能目睹與體諒，因此較能感恩圖報。第二，鄉村中的長輩會較熱心也較有時間用心指導晚輩做人做事的道理，包括孝順之道。第三，鄉村中的私塾等非正式教育內容常隱藏豐富的忠孝節義等傳統道德理論，對於受教者的孝道頗多啟發作用。第四，鄉村中的行為都較透明，孝順之人為人讚揚，不孝之人使人詬病，因此人人對於孝道都較認真謹慎遵行。第五，流行在鄉村的民間故事與戲劇常以孝道為題材，鄉

村的人從中可學習、體驗與實踐。

（二）鄉民的孝道可媲美市民甚至可爲市民楷模

　　有了以上的這些背景與緣由，鄉村的人普遍都能重視並實踐孝道。此種德行應可媲美市民，甚至可爲市民的楷模。現代都市的人民孝行至佳者雖也不少，但也有幾項背景緣由，容易使其忽略。1.忙碌的都市生活，常會自顧不暇，對於身邊或不在身邊的長輩會疏於照顧；2.都市社會的價值觀受到競爭、表象、陌生等都市特性的影響，對於傳統孝道等道德價值會變成形式化，喪失實質與眞誠；3.都市社會比較傾向重金主義，以爲孝敬父母可僱請傭人替代，較少注意用心、親身力行。以上這些毛病與問題，鄉村的人相對較少，也因此鄉村人在孝行方面，似乎可爲城市人之榜樣與楷模。

八、不動的農地穩住農家的根

（一）農地是農家的重要資產

　　住在鄉村的人以務農爲業者的比率很高，務農人家最主要的資產是農地，也因此農地被稱爲不動產。農家所擁有的農地可能不只一處，可能會有多處，但都不會離家太遠，很可能坐落在農宅或其所在農村的四周。多處的農地也都有固定地點，不會變動。

（二）固定的農地穩住了農家的根

　　一般農民的家宅都在其擁有的農地內或附近而建築，建立住家之後新購買的農地也很可能坐落在農宅的附近。如果農宅與農地距離太遠，工作上就很不方便，可說農地拉住了農宅，也穩固了農民的家。

　　農地是農民的恆產，與農家同是農民安身立命的根，有根的人比較能安心過生活，也會在同一地方較長久穩定的安住，不論在短時間內離開多麼遙遠，終會返回原巢。此與缺乏土地恆產的人不同，後者心態不定，一旦離開賴以為生的土地，就可能遠走高飛，永不再回。

九、外籍配偶挽救鄉村婚姻與家庭的危機

（一）鄉村地區外籍新娘相對較多

　　在本章第四節提到留鄉從事農業、打工、捕魚等較粗活工作，教育程度也較低的青年男子，有難以找到結婚對象的危機，因此不少人經仲介娶進外籍新娘，解決不少婚姻困難的問題，也挽救不少即將終結的鄉村家庭，使能繼續綿延。

　　依照我國內政統計通報，至2013年底，在我國的外籍新娘（不含大陸、港、澳配偶）共有45,203，其中分布在鄉村地區者占總結婚對象相對較高。一項研究我國外籍新娘空間分布的論文指出，鄉村地區結婚登記的外籍新娘占總結婚對數之比例，顯然高於都會區。依據此一研究的資料在1998至2000及2001至2003

兩段時間內，平地鄉鎮外籍新娘占總結婚對數的比例為12.45%及19.74%，而同時間都會區的比例分別為9.68%及14.90%。其中平地鄉鎮與都會區之間，中國大陸籍新娘占總結婚登記對數的比例相差較少，但東南亞籍新娘占總結婚對數的比例平地鄉鎮明顯偏高，在2001至2003年間，中國大陸籍新娘所占比例，都會區與平地鄉鎮分別是8.53%及8.62%，但東南亞籍新娘所占的比例則都會區為6.25%，平地鄉鎮為11.08%，後者均接近前者的兩倍。

（二）外籍新娘來臺灣結婚生子搶救婚姻與家庭危機

外籍新娘來臺灣結婚生子，搶救臺灣的婚姻與家庭危機，也搶救了臺灣人口的危機。因有外籍新娘的搶救，臺灣的婚姻與家庭才能較為正常的變遷與運作。此種功能在鄉村地區尤其比在都會地區更為突出與明顯，可說外籍新娘搶救臺灣鄉村人口的婚姻與家庭的角色與功用甚為明顯。而鄉村人口的婚姻與家庭則具有鞏固全國婚姻與家庭的角色與功能。

十、鞏固的婚姻與家庭穩定社會秩序

（一）婚姻家庭與社會秩序的關聯性

古訓中有「齊家治國平天下」一語，意指家齊必然國治，國治則天下太平。社會學家認為家庭是構成社會的單位，家庭穩固，社會必也能穩固。社會上有些家庭支離破碎，搖動不安，小孩未能受好教育，大人身心俱疲，內心不安惶恐，也常是社會的亂源。而致

使家庭不能平安穩固的原因固然很多，但失敗不融洽的婚姻導致夫婦失和則常是主因。因此要使社會秩序穩定須鞏固婚姻，進而鞏固家庭，這是一項重要因素，也是一條重要的途徑，值得社會上人人的重視與實踐。

（二）鄉村的婚姻家庭相對穩固，社會秩序也相對穩定

本章在前面已提及鄉村人口的婚姻相對穩定，鄉村的家庭關係也比較凝聚，再加上人民的關係都相對較為親密，也較緊密連結，因此鄉村社會秩序相對比較安定，也有助全社會秩序的穩定。在鄉村中少有擾亂他人安危的暴力，少有混亂劇烈的社會運動與示威，也少有搶劫殺人的驚人事件，生活方式多半都很平安寧靜，社會秩序井然有序，雖不一定都是夜不閉戶，路不拾遺，但較少有驚濤駭浪的危險與恐怖事件發生。

（三）鄉村有穩固社會秩序的好處

鄉村能夠維持較穩固的社會秩序，雖有緩慢變遷與進步的缺陷，但對人民的生活有幾項重要的好處。第一，人民較能平安過日子，幸福感也可能較多。第二，個人與社會都能安心做較長遠的生涯與發展規劃，不必擔心社會不安而需做些危機應變的準備與對應。第三，鄉村人民在安穩秩序下生活過日子，對於家園故土會有較濃郁的情感，也較能達到共識，並付出貢獻。這是鄉村社會的重要優點之一。

參考文獻

紀玉臨、周孟嫻、謝雨生，2009，《臺灣外籍新娘的空間分布》，人口學刊，第38期。

中華民國統計資訊網，2014，改制後縣市重要統計指標依期間、指標與縣市。

行政院勞工委員會、內政部入出國及移民署，2014，表二，我國外籍人士按國籍別分。

孔祥明等著，2012，《臺灣社會變遷》，1985-2005，《家庭與婚姻》。

第三章　穩固與更新社區

一、鄉村社區數量眾多角色重要

（一）鄉村地區包括社區、田園及荒野

　　鄉村是指非都市地區，範圍廣泛，包括眾多的村落社區、田園、山村及荒野等，其中社區的角色尤其重要。鄉村社區是鄉村人口居住及活動的主要場所，在臺灣數量約有數千到接近萬個，但都市社區約僅近百個，在數量上，前者比後者多出數十倍。雖然鄉村社區的總人口數不如都市社區的人口數之多，但為數仍有不少。

　　田園及荒野都在鄉村社區的外圍，是鄉村居民戶外工作與休閒的重要場域，也是鄉村人口的生計資源所在。農民從在田園的工作中取得糧食及其他農產品，鄉村人民也從山林及荒野中從事伐木、開礦、休閒、娛樂以及打獵等工作或生活。

（二）穩固與更新鄉村社區的重要性

　　鄉村社區是鄉村人民居住及活動的地方，鄉村人民在社區中互動與往來，過著社會性的生活，這種地方必須要能穩固安定，人民生活起來才能順利與方便。這種地方也必須不斷更新發展，人民生活於其中才能更充實、更舒適，因此社區人民都要努力建設社區。

　　鄉村社區是國土的一部分，也是大社會與國家的基層組織單位，鄉村社區能穩固與更新，全社會與全國家也才能鞏固安定與進步發展，因此政府多半都會展現政策措施，企圖使鄉村社區能穩固、安定、進步與發展。能夠影響與落實到社區的政策或行政措施涵蓋國家政軍與行政的全部，包括農業、經濟、財務、醫療衛生、交通運輸、社會安全與福利、環境保護、文化建設等。

二、農業工作與生活穩固鄉村社區

（一）務農的鄉民與社區緊密連結

　　居住在臺灣鄉村地區的人民多半以務農爲生，農業生計緊密依附在農地上。土地固定不動，使人心也堅定不移，與其出生與成長的社區緊密連結在一起，不輕易遷移；即使遷出了，心中仍念念不忘故鄉。

（二）農業生活特性有助社區凝聚

　　農民在務農的生涯中有幾項生活上的特性，使社區具有較高凝聚力，因而有助社區的穩固。第一，相同的工作與生活特性，村民彼此容易相互了解與體貼。第二，農業工作與天爭的成分高，使村民容易團結一起應對。第三，新時代的農業技術推廣教育需經由團體指導方式，增加村民的組織力與團結力。第四，小農的特性必要由合作力量提升經濟競爭力，也使社區居民的關係更加穩固。第五，應對自然的力量及強烈信神的態度與行爲，也有助社區居民關係的團結與穩固，此點特於本章第五節再做較詳細的說明。

（三）休閒農業區及旅遊村的發展促進農村社區的合作與團結

　　近來都市居民與工廠工人對休閒旅遊的需求提升，促使休閒農場、休閒農業區及旅遊村的興起。鄉村應對休閒旅遊發展的新趨勢，促使其加強團結合作，共謀地區性全面美化與趣味化，增加吸引遊客前往消費的特色。其中在休閒農業區或旅遊村內的鄉村居

民，必須加強團結合作的步調，做較有計畫的互動合作建設與經營，增加全區域或全社區的吸引力，才能有效提升知名度，引來較多的外來遊客，使休閒旅遊事業的經營與發展更加成功。

三、非正式社會關係凝聚社區共識

（一）鄉村社會較多非正式關係

社會學家將社會關係區分成正式性（Formal）及非正式性（Informal）兩種。正式的社會關係是指以合理的制度或規則為基礎所建立的關係，這種關係通常也存在於正式組織框架下。有關係的社會組織份子在制度與規則下，權責分別，相互合作，取得合法性資格與資源，關係趨於穩定，個人也從中增進生存的機會與能力，這種社會關係多半是合法但不親密的次級性。非正式關係是指人與人之間自然產生的較親密感情或友誼，彼此有很深的認識、了解、感情與認同，社會距離較短，彼此往來與溝通也都較為密切。

鄉村中的社會關係雖也有很正式者，但非正式社會關係比都市社會相對較為普遍，原因是鄉村社區的範圍較小，工作性質相同或相近，也有較密切的姻親、氏族、同窗與鄰居關係存在其中，相互影響。鄉村人民為能滿足親情友情，追求認同，取得保護，謀求發展或彼此協助，而建立許多非正式社會關係。

（二）非正式社會關係對凝聚社區共識的重要功能

非正式社會關係的特殊性質，使其對社區具有多種功能，這些

功能都有助社區的共識。重要非正式社會關係的功能包括維護團體的價值觀念、提供社會滿足感、有效溝通、有效的社會控制或約束力、高度的彈性或伸縮性，以及有較平等的關係，因此彼此可以分擔責任。

　　非正式關係可維護團體的價值觀念，因為團體中的非正式關係使人感到親近溫暖，不忍心失去，因而會努力加以愛護。此種關係能提供滿足感，是因為有關係的人彼此都很親近，容易傾吐苦水與心聲，也較捨得給予，故彼此都能從互動與往來中得到滿足。在此種關係下可有效溝通，因為彼此少有互相猜忌與提防，都能真心表達感覺，少有保留，也較能獲得他人的了解與同情，溝通必然會容易得多。

　　非正式關係的有效約束力非得自法律規定，而是得自彼此的尊重、信任，與大家對關係的愛護和珍惜，對成員形成壓力，因而不敢有違應有的規範與紀律。非正式關係具有較高度的彈性與伸縮性，對發生的問題與危機可用較非正式的方法與途徑解決，大家都能習慣並能接受。彼此有較平等的關係並分擔責任，因為彼此關係密切，甘苦同擔，生死與共，因而彼此較不計較，不分彼此，權責較平等，也都能彼此分擔。

四、氏族與鄰居關係結合社區組織

（一）鄉村社區密織著氏族及鄰居關係網絡

　　臺灣許多平地鄉村社區形成的歷史始於明清時期自中國閩南及

廣東的移民，移民來臺之後分布各地耕作，或由鄭成功部屬駐軍屯墾，先是由少數幾家人聚集成一個聚落或社區，之後繁衍子孫代代傳承，至今不少鄉村聚落或社區都包含數個氏族的家庭，也有僅由一個氏族所組成的氏族村，同氏族的家庭都起於同祖宗，且有血緣關係。村中常設有宗祠，也常存有族譜，列明歷代人物的姓名及關係。同族人的關係密切，常會互相保護與照應。

　　鄉村社區內的人非親即故，若不是屬於同一氏族，也都可能是姻親或鄰居，彼此都有很深的認識與了解，平時也都會有密切的往來，相互幫助與支援。在過去村人以農業為主要工作與生活的時代，村中族人、親戚或鄰居的重要相互幫助是換工，也就是東家忙於農事或喜喪事務時，由西家協助，當西家忙碌時則由東家幫助。村人之間也常有借貸關係，藉以度過缺乏金錢、農具或農產品等的難關。

（二）氏族與鄰居關係是社區組織的重要基礎

　　鄉村社區內的居民為了生活上的安全與方便常要成立組織，有些組織只由社區中部分的人或家庭所組成，有些組織則由全社區所有的人或所有的家庭共同組成。前一種稱為社區內的組織，後一種稱為全社區的組織，可簡稱社區組織。

　　在由單一或少數姓氏人家所聚合的鄉村社區，氏族關係或鄰居關係是組成社區組織的重要基礎。由氏族及鄰居關係所組成的社區組織多了一層的牽連，因此可能較為堅定與穩固，因為組織中有些事務可依靠氏族與鄰居的密切關係加以緊密維繫，有些問題也可經由氏族或鄰居關係而能較圓融解決。

　　由多個氏族組成、規模也較大的鄉村社區，在組織編組時，若能以同一氏族或關係良好密切的鄰居做為小組的基礎，則各小組的成員為了愛護氏族或鄰居，能更加同心協力團結一致，用心用力與其他小組做良性競爭，使小組織發揮良好的功能，獲得良好的成效。全社區的組織效能也因而可以提升與增進。氏族與鄰居的組織關係特性是其親近的非正式關係，此種非正式關係對於促進團體或組織的團結尤其有效。

（三）社區中也有正式組織

　　在鄉村社區中也經常設立正式組織，這些正式組織以政府推行的農業推廣教育組織或維護社區安全的義警或義消等組織最為常見。此外，還有為實行地方自治所組設的村里民大會、社區理事會或社區發展協會等。這些正式的鄉村社區組織與較非正式的氏族或鄰居關係及組織並不矛盾與衝突，可以並存。氏族與鄰居關係常可被用為社區正式組織的基礎，例如過去的保甲制度、如今的村里組織，都以住處相近的鄰居為鄰，一個村里包含數個或十餘個住處相近的鄰，鄰內也可能是同一氏族的家戶。

（四）社區內的關係體或組織是推動社區建設與發展的要素與動力

　　社區內的氏族、鄰居關係、組織，以及更廣闊的全社區組織，對於社區的重要意義與角色是推動社區發展的要素與動力。有良好社會關係與堅固社會組織的鄉村社區，在推展社區的建設與發展上都較有力，也較有效。社區建設與發展必要群策群力，由社區內所

有的人或多數的人所贊同與支持。社區內的社會關係與組織是決定
這種團體團結力的重要過程與元素。

　　如今臺灣建設與發展成效較好的鄉村社區，多半都因有良好融
洽的社會關係，也因有較堅實的社會組織。相反的，在無良好社會
關係與穩固社會組織的鄉村社區，其建設與發展成效都較落後。

五、共同宗教信仰與活動凝聚社區互助合作

（一）多數的鄉村人民都有宗教信仰

　　臺灣的鄉村人民大多數都有信奉宗教，且多半都信仰道教與
佛教，也有少部分信仰基督教、天主教或其他。信仰同類宗教的人
必定會有共同性的活動與信念，這些共同的活動或信仰很自然拉近
信徒的社會及心理距離，因而能促進彼此的互動合作。對於社區而
言，居民能互助合作，對於穩固社區團結與凝聚力的作用甚大。

（二）宗教廟宇是社區重要的公共設施

　　臺灣鄉村每個社區大致都有幾座廟宇，較小的廟宇是村人祭拜
與集會的中心，較大的廟宇有些馳名外地，常有外地來的信徒與進
香團，不僅是歸屬本地人所有的資產，也是外地許多人的資產。

　　多半的廟宇至少都供奉一種主要的神明，也有供奉兩種以上的
神明者。在這些神明的生日，廟方多半會舉辦熱鬧的慶祝活動，動
員全寺廟的信徒，或全社區的居民。村民平時也常到廟裡燒香，寺
廟常成為社區居民重要的活動中心，透過寺廟的空間設施或活動，

促成團體活動，進行互助合作行為。

（三）宗教活動屬公共事務

　　鄉村寺廟及其衍生的各種宗教活動都屬公共事務，要由所有信徒及村民共同商議決定，並分工合作安排與進行活動。寺廟除有專人負責打掃看管以外，多設有管理委員會負責對財產及活動的管理。較大的寺廟還有常駐的和尚與尼姑。較大的教堂則有常駐的牧師及神父等。每個鄉村的寺廟都有例行的活動節日，最重要的是，在神明生日會有熱鬧的祭拜謝神及其他活動，如放蜂炮、燒龍船、放天燈、炸寒單，以及搶孤或演戲等。在籌備這些活動時，都由管理委員會代表眾信徒弟子開會討論決定，並籌劃與安排任務和活動的進行。此外，也有由全社區居民直接參與及活動的情形。總而言之，各種大型的宗教活動都屬於公眾的事務，社區居民都會參加，甚至還會請各級政治人物前來參加。受邀的政治人物為了選票或為能爭取民心，多半不敢缺席，也有不少政治人物不請自來。各級政府的公務預算中也常編列對於寺廟舉辦的宗教活動，給予贊助。

（四）社區居民為宗教活動互助合作

　　宗教活動既然是公共事務，地方群眾或社區份子會互助合作、共同活動與經營。大家對於神明的事，更加不敢推拖與不敬，多半都能互助合作。

　　在活動之前，信徒或社區居民重要的互助合作事項為籌備工作，包括規劃活動的方式與內容、預算、人力等。有關人力的籌備包括人力的安排，有人要負責聯繫，有人負責維安、服務接待，以

及清潔管理等。各就崗位，互助合作，將活動辦好，以示對神明的敬重，以及對全部信徒或社區居民的負責。

（五）共同信仰的內容啓發生命共同體的理念

鄉村人民信仰體系中最主要的價值在勸人爲善，存好心，不傷害他人，進而要能幫助他人。能信守這種價值的人，心中便能存有他人、尊敬他人、與他人相互信任與合作、與他人共存共榮。社區的凝聚與團結亦有賴此種信念與價值而增強。此種與他人互助合用、共存共榮的思想，比爲迎接有關宗教神明慶典活動所表現的分工合作更爲深層，也更爲堅固。在基督教信仰體系下，同教堂或教派的教友之間常會發展成弟兄姐妹之情誼，相互扶持與幫助。在佛教與道教的信仰體系下，信徒則深信生活在神明的監督之下，不能也不敢做危害他人的虧心事。相信善有善報、惡有惡報的輪迴報應，因而願意助人，願意分擔他人的苦難，也容易分享他人的快樂。

六、寬廣空間條件孕育社區凝聚力

鄉村社區的居民凝聚力較強，也因其居住與活動的空間較爲寬廣。戶外田野的空間寬廣，少見人影，見到他人會感到溫暖可貴。村中住宅的間隔也比較寬廣，較少因爲擁擠而產生勾心鬥角、相互排斥與衝突。道路上行車較少，也較不會發生因車輛擦撞而產生爭吵與糾紛。較寬廣的生活空間人的心胸也會寬容大度，社區居民之

間的關係融洽，因而心理與意識上都較密切與凝聚。

七、現代社區組織有助社區團結

　　現代的鄉村社會，興起許多正式的社區組織，包括為工作上與生活上的功能而設立者。較重要的有農會組織、農業合作社、水利會、農業產銷組織、環保團體、共同經營班、長青會或俱樂部，以及社區協會或社區促進協會等，這些社區組織將組織的成員緊密地連結在一起，共同活動，密切互動。良好的組織，成員都很團結，對外的態度與行為一致性很高。

　　在社區中的各種現代正式組織，以社區發展協會或社區委員會最為重要，帶動社區發展以及解決社區的共同性問題為其主要宗旨，因而對社區發展的功效也最具貢獻。因有社區發展協會、社區委員會，以及社區發展委員會等的運作，使社區內的人民都能認識並了解個人的命運和前途與社區結合在一起，個人與社區內的他人之間要能密切合作並分工，才能使社區順利發展。

八、外移子弟為回饋故里還鄉建設

　　自鄉村外移都市等外地的子弟，有人發財致富，乃會感恩故里，返鄉建設。此種事蹟在歷史上甚為多見。過去自福建、廣東遷移至南洋等地的華僑，在外經商致富者為數不少，多見有這些在外發財的子弟返鄉建築豪宅做為紀念或當作回饋。臺灣自鄉村遷移都

市發財致富者，也會效法先人的豪情壯志，於發財致富功成名就之時衣錦還鄉，在家鄉故里興建豪宅、造景庭院，或是造橋鋪路，回饋也顯耀鄉梓。

其中不少人貢獻的重要建設是協助建造或修護廟宇，將廟宇的裡外打造地美侖美奐，威儀莊嚴。也有回鄉興建學校者，唯因義務教育的小學及初中都由政府興建，故私人興學的層次都在高中以上，以大專院校較爲普遍。自從教育改革運動以後，到鄉村地區興建大專院校者爲數不少，其中興建者有當地外出的成功子弟，也有富有或具有理想的外鄉人。在鄉村社區附近引進高等教育機關，對當地社區景觀的建設及教育文化水準的發展非常可取。

九、落葉歸根的情懷緊貼故鄉泥土

許多由鄉村外移的人，到了年老時都想落葉歸根，希望死後埋葬在故鄉的土地上。這份懷念故鄉的情感，於死亡作古時與故鄉的泥土緊黏在一起。許多鄉村地方的墓地或靈骨塔，都存放著遠離故鄉很久的回歸者，對於故鄉村民不無啓發作用。重要的啓發有如下幾點：

第一，故鄉不論如何落後，永遠被遠離的遊子思念。

不少人遊遍了世界各地，看遍了繁榮發達的大都會，卻對偏遠落後的村落故鄉念念不忘，這種懷鄉的情感使落後的鄉村社區也可能有偉大的故里人歸，使其揚眉吐氣，值得驕傲。

第二，不少曾經在外地叱咤風雲、威名遠播的人，於年紀大時告老還鄉，對於年輕氣盛的人不無警惕與示範作用，無需過分洋洋

得意、盛氣凌人，終也會有退出江湖，回歸純樸、寧靜與孤寂的一天。

第三，回歸故里的偉人對於故鄉社區必能振奮人心，引導後進努力向上。

回歸故里的人若是事業有成的偉人，對於故鄉社區的示範與啓發作用非凡，尤其能引導並促使後世努力向上，獲得優良的成就，因而也可爲故鄉社區造就更多人才。

十、外力的衝擊引發社區變遷

近來臺灣鄉村社區受到外力的衝擊不少，重要者有來自平面與媒體傳達的資訊，包括從報紙、電視以及網路提供的訊息、政治人物的作爲、工商業界的推銷或遺留物，以及政府的政策及行政措施等。其中有正面的助長作用，也有負面的摧毀效果。這些外來的力量衝擊鄉村，使鄉村引發變遷，所發生的變遷包括對衝擊的直接回應以及間接受到的影響。

鄉村社會的各種變遷包括正面的進步與發展，也包括負面的衰退或變差。重要的發展方面是物質生活習慣與品質的提升，包括住宅條件、水、電、車輛等日常用品的改善；而重要的衰退或變差方面是降低對農業生產經營的執著，減弱對道德的堅持，以及汙染自然環境等。近來鄉村社區的變遷急速，致使鄉村社區在全社會和全國家變遷與發展的角色及影響也變得更加重要。

十一、鄉村建設計畫引導社區更新

在政府公部門及一些私人部門對於鄉村社區陸續注入建設計畫及行動，這種計畫與行動多半是趨向更現代化。計畫行動與實踐的結果，使鄉村社區陸續呈現更新的現象。目前政府農政部門還持續在推動一項「農村再生計畫」。依照計畫推動，農村社區在實質的住宅、公共設施、環境衛生等方面都收到更新與改善的效果，在經濟、社會與文化的水準及程度上也獲得不少提升。

參考文獻

蔡宏進，2012年1月，《社區原理》，三版四刷，三民書局印行。

蔡宏進，2012年7月，《社區工作方法與技巧》，揚智文化事業有限公司印行。

蔡宏進，2014年2月，《應用社會學》，五南圖書公司印行。

第四章　擴充產業充實生活資源

一、鄉村居民經由經營產業而生活

人都要生活，為生活要經營產業，由產業獲得報酬，轉換成生活資源。人類社會重要的產業分成三類，即初級、次級及三級產業等三大類。基於分工的原則，鄉村居民一向以從事初級產業為主要生活資源，包括農、林、漁、牧、礦業等，但後來也逐漸參與次級及三級產業的經營。

鄉村的人民經營產業是手段，目的是為生活，為了能有更好的生活，經營產業就要更加認真，更細心選擇。

二、各種鄉村產業的要素

每個鄉村的人經營任何產業，大約受數種重要因素所影響或決定，第一是手上的資源，如土地、資金或家庭人力等。

第二是技術。有無技術、有何特種技術，以及知識與技術水準的高低，都是決定能經營何種產業的重要因素。

第三，家庭世襲或傳遞因素。不少鄉村居民的產業都由家傳得來，此類產業多半含有些祕密的技術，家庭只將技術傳遞給後代子孫，而不傳給外人，為的是使子孫保持技術優勢，而能增加競爭力，因而得以較容易謀生過活。祖傳的技術常包括食物加工生產、炊煮食物的方法，以及製作特殊器物。後代子孫得到祖傳的技術便能穩住某些特定的顧客，使其製作的物品得以銷售賺錢謀生。

第四，天然環境與條件。各種初級產業的經營都要依賴天然

的環境與條件，農林漁牧與礦業若非有合適的天然環境與條件，都無法發揮效果。其中農業生產除要有合適的農地，還要有合適的氣溫、雨水等環境與條件。林業生產必要的環境與條件也相類似，唯因生產與經營的方式較農業粗放，故需有更廣闊的土地。不宜做為農耕的山坡地，皆可用做生產與經營林業的合適土地。漁業的生產與經營都以水域較為適宜，湖泊、河流與濱海之地都是重要養魚、撈魚的場所。牧業的生產與經營必須有可以放牧的草原或可做為生產牧草的土地，前者多半為山區的土地，與林地頗為相近，後者則可用農地生產。礦業的生產與經營必須要有儲藏的礦產資源，才能開採出產品，礦產的儲藏地點可遇不可求，分布在很少有的特殊地點，唯有可晒鹽的海水分布較為廣闊，但也要有平坦的沙灘及強烈陽光等自然條件，才能將海水晒成鹽礦。

三、從初級產業為主擴充到三級產業並重

鄉村人民的產業在很長久的歷史上都以初級產業為主，亦即以從事農、林、漁、牧、礦業為主要生產與經營方式，而且生產與經營的目的也都限於自給自足，少有餘力供應他人的需求，故很長的時期內地球上絕大多數人都在從事初級產業。到了工商業發達、城市興起以後，各種初級生產方法大為改進，初級生產者經營產品的數量大增，可供應他人要求的能力也大增，有許多人可藉他人出售的糧食等必需品維生，因而可不必再親自從事農業等初級生產，而轉換從事次級的工業生產及三級的商業及服務業。多數的二級和三級產業人口都聚居在都市，但也有部分仍然停留在農村，主要是為

鄉村居民生產及服務。但也有因次級及三級產業的製造機構或場所位在鄉村，而不必也不宜遷移都市者。初級產業主要分布在鄉村地區，或說鄉村地區較適合生產與經營初級產業，主要是受土地與資源分布的因素所限制之故。限制的原因已說明於前，本小節需要再說明的是農業生產與經營方式的新變化，以及鄉村地區也逐漸發展次級和三級產業的變遷趨勢。

四、小農戶由經營慣性農業到經營有機農業與休閒農業

臺灣農業的經營是小農制，從在戰前少用化學肥料與農藥的原始農業，到戰後大量使用化學肥料及農藥的慣性農業（customed agriculture），到晚近變為有機農業（organic agriculture）。有機農業強調不使用化學肥料及農藥，很像回歸到原始的農耕方式，但比原始農業已有較多的技術變化，例如間作可以驅蟲的藥草或網室栽培以防止蟲害，或由調控溫度以及注意消毒等技術方法預防病害等。有機農業使其產品減少汙染，提升安全與健康水準，但其產量可能較差。

近代臺灣鄉村農業經營的重要變化趨勢除了走向有機農業以外，也走向休閒農業。小農家以原有農場轉型經營休閒娛樂與旅遊的服務事業，將農場打造成可以觀賞、體驗、教育、飲食、泡茶、會議、運動、遊玩及住宿過夜的場所。不少城市居民、工人、學生、公司成員利用假日週末或集會等戶外活動時間，到休閒農場從事休閒度假或開會等活動，感受與平時在例行工作或居住地點不同

型態的生活方式，藉以疏鬆筋骨，提升精神，於休閒之後更有力氣工作。

當前臺灣休閒農場的分布遍及臺灣的東西南北，大小數目有數百座，包括位於平地、山區及海濱等地，城市及工廠的工人可方便到就近的農場休閒，也可開車到遠地的休閒農場度假，暫時遠離都市的塵囂，或工廠機械的嘈雜聲，暫時享受鄉野的綠意及寧靜。農場主也因有顧客的消費，而增加收入並改善經濟條件與生活。

五、設立鄉村工業區及零星工廠增加次級產業工作機會

臺灣約自一九六○年代開始，工業逐漸發展，政府在鄉村地區開發許多工業區，鼓勵工業主在區內設廠，同時間也有一些零星工廠在工業區外設立，形成鄉村工業化的發展趨勢，鄉村的勞力不必遷移，可在當地農場外的工廠就業工作，增加收入，也可同時就近照顧小規模的農場事務。

臺灣鄉村工人加入次級農業的工作多半以通勤的方式參與，白天到工廠工作，晚上及假日在家，年輕工人早晚還可照護居家的老人及農事，是很周全的生活安排。只可惜後來不少鄉村工業區的工廠西進中國或南進東南亞，紛紛關閉，鄉村的工人失去在工廠工作的職業，收入變少，生活回到未轉職前的低水準。也有一些人轉業後收入變好，為使年幼的子女獲得較佳的教育環境與機會，本身也嚮往都市較為多元的生活方式，遷離鄉村故里，定居都市，鄉村的工業也喪失去緩和或穩住人口外移的功效。

鄉村地區的工廠有不少是就近取得原料，加工製造成工業產

品，販賣到外地，此種工業及工廠，以農產品加工或以農產為原料的製造最具代表性。農業的原始產品經過製造及加工以後可使價值變高，製造業者或加工業者乃有能力收購農民生產的農產品，使當地農產品的原始價值有提升的機會，農民也可由農業生產獲得較高的報酬。

　　臺灣各地農產加工業或製造業，依各地農村產品種類不同而不同，有名的農特產製造或加工品有臺北周邊的凍頂烏龍或包種茶葉、大溪的豆干、新竹地區的米粉、苗栗地區柿餅、茱乾及擂茶、信義的梅酒、臺中霧峰的洋菇、南投鹿谷的茶葉、筍及筍乾、雲林大埤的酸菜、嘉義梅山的梅乾及義竹的桑椹飲料、臺南東山的龍眼乾、白河的蓮子、學甲北門的虱目魚丸及魚肉片、善化永康的果汁、高雄旗山的鳳梨罐頭、屏東琉球的海產加工品、臺東原住民的手工藝品、花蓮番薯乾，以及宜蘭的鴨賞和魚罐頭等。

　　鄉村工廠生產的農產加工品成為當地農民促銷的農產品，也吸收不少當地的鄉村居民參與製造的過程，對於當地經濟的改善，功不可沒。

六、鄉村因應市民及工人的需求興起新商業及服務業

　　在鄉村以農業工作為主流的時代，小農村內部少有從事服務業者，最多只見有小型雜貨店家，販賣日常生活用品給村民，還有村人比較可能需求的修理腳踏車等小店。小鎮上的商業及服務業則曾經有過繁榮，主要的服務對象都是周邊的農民。鄉鎮上最常見有市場、服飾及布店、農具行、診所及小戲院等商業和服務。到了工業

化及都市化程度較高以後，鄉村人口大多遷移都市，鎮上的商業及服務反而較以前蕭條。但另一方面，因應都市居民及工人的需求，農村地區卻新興起另類的第三類產業，也就是休閒服務業。

　　鄉村地區的休閒服務業應都市居民需要，在週末假日到鄉村透氣休閒而興起。重要的產業經營方式有休閒農業及休閒農場、開發旅遊的景點、山村的山產店、濱海的海鮮店，以及村中或街上的各種特殊小吃店、泡湯的溫泉、田間花海，山區的櫻花、梅花與桃花園、村中的寺廟或古厝。

　　各種吸引人的工藝作品，以及提供各種建築設施與活動的服務，都是吸引遊客前往停留並消費的經營方式。鄉村居民藉由經營這些休閒旅遊活動，賴以維生。這些休閒旅遊與娛樂事業有的是由已成功的城市企業家到鄉村地區投資經營，但許多較小規模的商業與服務業，則是由鄉村的居民所提供。在商業與服務業生意較發達的鄉村，產業型態甚至有超越初級的農業和次級的工業生產及經營的趨勢。近來臺灣鄉村地區新興的服務產業中，休閒農業與農場的經營是很重要的一項，此種新興服務產業的性質及功能，在本章第四節中略有陳述，在此再對休閒農業區的要義做一些介紹與說明。

　　休閒農業區的開發是政府農政部門為振興鄉村產業及提高農民收益所執行的一種農業政策措施，其重要意涵是連結同區域內的多個休閒農場，併合成區，共同互助合作，製作成更大範圍、更有潛力的休閒地區。一般被劃定的範圍都約有五十公頃以上，區域內包括多個休閒農場，也還可能包括不少值得觀光旅遊的景點，含有自然風景、古老寺廟及住宅等。此種區域可吸引遊客停留較長時間，消費較多金額，區域內經營者和農民也可分別獲得較多的經濟收益。臺灣休閒農業區是繼休閒農場後發展起來的，區域內必須有具

體的休閒設施供遊客停留，享受休閒與旅遊。

七、新興的工藝產業及其對生活品質改善的貢獻

（一）發展鄉村工藝產業

　　臺灣若干鄉村地區原有可貴的工藝技術傳統，近來又經政府以政策性設立數個工藝研究發展中心。過去聞名的傳統地方手工藝有苗栗北埔的擂茶、大甲的草蓆、三義的木雕、鶯歌的陶藝及美濃的紙傘等。近來政府設立的工藝研究發展中心則有南投草屯的臺灣手工業研究中心、苗栗的國立臺灣工藝研究所、南投九九峰生態藝術園區、臺中的臺灣工藝生活美學概念館。各地的工藝研究發展中心創作的物品類別包括陶瓷器、木器、玻璃類、石土類、金工類、綜合類、藤類、紙類、竹器類、染織類與其他，有不少藝術家參與其中的創作作業。因有各地方的工藝品創作，在政府輔導下，於臺北設有一處財團法人臺灣手工藝中心，統籌推廣與銷售各種工藝創作物品，聞名遠近，口碑甚佳。

（二）吸引遊客前往參觀旅遊與採購

　　臺灣鄉村各地的工藝產業具有很強的吸引力，吸引遠近遊客前往參觀、旅遊與採購。前往的遊客原意是在參觀各種工藝技術及產品，但自吸引觀光人潮之後，也都增設不少應對遊客需求的設施與服務。原是生產工藝品的地方，逐漸發展成觀光旅遊的小鎮或村落，不僅可將產品直接銷售給外來的遊客，更能吸引遊客在當地消

費飲食及遊玩的活動，將金錢留在工藝村或鄉鎮，當地居民便可分享到一些小財富，對於改善物質經濟生活大有幫助，遊客也因參訪工藝園區而提升生活品味。

八、生活資源由單一化變為多元化

　　本章第三節述說鄉村人民從初級產業為主擴充到三級產業並重，這種產業結構變遷的過程，可說是生活方法由單一化變為多元化的過程。當生活方法由單一改變為多元，生活資源也同樣由單一化改變為多元化。

　　這裡不再討論鄉村人民生活方法與生活資源從單一化變為多元化的相互關係，只陳述生活資源由單一化變為多元化的現象，重要變化現象則將分三點說明。

（一）食物由自然生產品變為包含多種人造產品

　　在早前工業不發達的時代，鄉村的人每日生活最需要的是食物，只要有主食可吃，且能吃得飽，對其他副食的需求不多。早年，臺灣鄉村的人主要的主食是番薯，而後逐漸改變成稻米。直到後期，有大量的麵粉進口，有不少人也改為以麵食當做重要的主食。

　　在農業經濟還停留在不很發達的時代，鄉村的人對於副食的要求程度不高，只要有鹹度夠的酸瓜、豆腐乳，能下飯就容易滿足。

　　這種對於食物要求的簡單性隨著經濟發展水準而提升，食品工

業發達，市場上能買到多種人造食品以後，變為多元化與複雜化，此時鄉村人民對於營養衛生的知識也逐漸充分，了解身體吸收多種營養元素的重要性，於是對食物營養的攝取更多樣性，吃的蔬菜水果及魚肉的種類和數量都變得比以前多。也因有更多的食品加工品及人造營養品上市，鄉村的人也偶爾會購買食用，生活上食的資源乃變得相當多樣複雜。

（二）由原以食為天變為轉消費多種使用與觀賞的物品

鄉村的人自從較能吃飽飯之後，需求的生活資源也逐漸擴充到食物以外的許多種物品，包括當作日常生活工具與目的的物品，和以益智及觀賞遊玩為目的之用品。除了需求物質用品，也包含精神糧食用品，新增的物質生活資源有家電用品、家庭生活設施及交通工具，而精神糧食資源則以書籍及傳播通訊的電話最為常見，也最為重要。

今日生活能力過得去的鄉村人口與家庭，對於各種生活資源與用具的需求和供應，與都市家庭和人口的需求及供應漸無差別，國家城鄉生活差距逐漸拉近。

（三）偏好的資源趨於分化

由於資訊、教育及產品等多種因素的影響，鄉村人民能接觸與認識同種功能物品的種類變多，其對於物品資源的偏好與選擇也變得更加多元化與複雜化。在使用手扇的時代，種類只有竹莢及紙傘兩種；但到了使用電風扇吹風取涼的時代，就有多種品牌的電風扇可供選擇，有人偏好國產大同牌或東元牌，也有人卻偏愛日製的日

立、聲寶或國際牌等。

　　鄉村人民不僅偏好的物質生活資源分化，偏好的精神生活資源也分化。在教育生活方面，可依自己的聰明才智程度及家庭經濟條件選擇接受小學、中學、大學或研究所等不同程度的教育。在政治主張與立場的偏好方面，也可選擇保守權力的國民黨，或選擇改變權力結構的民進黨，也可選擇都不偏兩者的中間或第三路線。

　　鄉村人民偏好的資源趨於分化，也表示其思想與心靈在蛻變與進步中，當其思想與心靈變化更多之時，鄉村社會有可能出現短暫的不安與紛亂，但長期而後，卻可抵達更進步、更穩定的境界。

九、外移份子回補故鄉生活資源

　　自鄉村移出的份子，初期抽空了鄉村的經濟資源，長遠卻有回補資源的可能。外移子弟回補故鄉生活資源的途徑有下列幾種可能。

（一）匯回資金建設家園或鄉梓

　　外移成功的人，對於鄉村故鄉最可能回饋的途徑或方法是匯回現金，建設家園或桑梓。如今鄉村地區可看到不少翻新的樓房建物，多半是外出子弟賺了錢寄回家鄉建造的，建造的目的最可能供給年老的父母居住享用，也可能供自己返鄉小住時之用，也有幾乎完全空著不用，只為紀念祖先，或供故鄉的人讚賞。

　　也有到外地奮鬥有成的人，回鄉不僅建造自己的家園，也為故

鄉提供公共設施所需費用。最多是建造宗祠、寺廟、造橋鋪路、活動中心，或興建學校等各項公共建設。也有為幫助故鄉子女就學而設置獎學金，或為環境改善而設立環保基金會之類等。這些資源對於故鄉的建設與發展，以及對於故鄉人民生活內容的充實與改善都有很大的幫助。

（二）鄉村投資

此類返鄉補給資源的方式是經過投資，發展自己在故鄉的事業，也可為故鄉的經濟改善條件，最主要的貢獻是給故里的鄉親提供投資產業及就業謀生的機會，增加收入，改善經濟生活條件。這些返鄉的投資者，多半在外都是投資同樣產業已成功致富者，有心扮演鮭魚返鄉貢獻鄉梓的角色，但是也有少數居心不良假鮭魚返鄉之名實際是行鯊魚返鄉之實者，反而傷害故鄉人民的財產、健康與生命。

（三）透過對外界的影響力，號召外力協助故鄉的建設與發展

此類外出的鄉村子弟多半是受了不差的教育，在社會上有一定的地位與影響力，卻並未賺很多錢，其對故鄉的建設較可能的幫助方式是使出影響力，引進外力協助故鄉的建設與發展。重要的外力有政府的力量、財團的力量，甚至是外國的力量，透過政府的施政計畫，或社團組織的實力，提供資金計畫、智力、技術、人力或物資，幫助故鄉在建設上所需要但缺乏的因素，使故鄉的建設與發展事業能有效推展。

十、生產糧食供應城市消費者生鮮食品

（一）提供市民食品的角色重要

　　鄉村地區在擴充產業、充實生活資源的過程中，除了充實本身所需資源之外，更扮演了為外力提供資源的重要角色，其中最重要的助人角色是，為廣大的都市消費者提供生鮮食品。

　　鄉村的農民能提供給城市居民的生鮮食品有許多種，米糧是很基本重要的一項，與米糧的功能相近者還有番薯、豆類及澱粉類等主食。

　　此外，重要的生鮮食品應算蔬菜、水果、魚、肉及蛋類。臺灣的主食有可能由外國農民間接提供，但蔬菜、水果、魚、肉及蛋類則多半是由國內鄉村地區的農民所提供。

　　鄉村的農民提供給市民消費者生鮮食品的角色非常重要，如果未有此種功能或服務，則眾多的市民消費者會挨餓或營養不良，身體不健康，生活也無樂趣與幸福可言。當天候不佳，農民能生產的生鮮食品量減少，或品質遭受損傷時，供應短缺，價格上漲，消費者便會覺得恐慌，心中苦不堪言。

　　近來生產糧食的農民所耕作的土地以及灌溉的水源受到工業汙染，不得已生產的食品變為不新鮮、不安全，消費者食用之後會影響健康，造成嚴重的食品問題，也對都市居民造成很大的衝擊。

（二）不同鄉村地區供應生鮮食品有差異性

　　臺灣供應都市消費者的米與番薯等主食差異較小，因為各地都有生產，但是供應的蔬菜、水果及魚類海鮮來源的地區差異很大，

各地生產這些副食產品的種類與數量相差較大，能供應的種類與數量差別也較大。以臺北市重要消費地而言，蔬菜主要來自中彰投及雲林等地，不同水果則來自不同地方，柑橘主要來自桃竹苗及中部山區；柚子則主要來自麻豆、斗六及瑞穗等地；茶葉有不少來自新北市的坪林、三峽，南投的鹿谷、竹山，及嘉義的阿里山等地；香蕉主要來自中部的集集及南部的旗山；棗子主要來自高雄的燕巢及大社；蓮霧主要來自屏東的林邊、竹田、萬丹等各鄉；鳳梨主要來自臺中霧峰、嘉義大林、臺南關廟及屏東老埤等地；芒果則多數來自臺南的玉井及大內等地。水產則得自東北部的宜蘭，及西邊自北到南的桃園、新竹、臺中、雲林、嘉義、臺南、高雄及屏東等縣市，各縣市濱海的鄉鎮都有供應。

　　各種蔬菜水果及水產來源有差異，與各地土壤、雨水及技術的特殊性及差異性有關。有好的水土及技術就能生產較優質的產品。

參考文獻

陳希煌，2014，《臺灣經濟情勢與政策調適：臺灣農業發展研討（系列18）》，財團法人臺灣經濟研究院。

蔡宏進，1997，《臺灣農業及農家生活的變遷》，中華民國農村協會出版，行政院農委會，2013，臺灣農業年報102年。

蔡宏進，1989，〈鄉村工業化〉，農業金融論叢，第21輯，153-168頁。

第五章　保護環境與美化景觀

一、鄉村地區處在環境保護與景觀美化的前端位置

　　本章要旨在論述臺灣鄉村地區是保護環境及美化景觀的新角色。在探討各種重要角色的內容之前，有必要先認識鄉村地區處在環境保護與景觀美化要務的前端位置。前端位置的意義是指不能將之置於末端，甚至應注意前提性，並要優先考慮與實踐，而這種前端位置是指其在全國性或全社會所處的情況及建設行動上而言。以下就分成所處的前提情況、優先建設的必要性，以及建設重點在保護與美化的三項課題。

（一）鄉村環境與景觀的前提情況

　　鄉村環境保護與景觀美化是鄉村多種建設與發展的前提，也是都市與國家許多建設及發展的前提。以鄉村環境保護與景觀美化為前提的國家建設與發展的面向或項目很多，重要者包括人身財產的安全，以及享受觀光旅遊與生活的幸福。保護鄉村環境可使環境所包容的山地、土石穩固，河流及湖泊的水質乾淨，平地的土壤清潔，於是可使實質的公私建設、人民的用水及糧食都安全。

（二）鄉村環境與景觀優先建設的必要性

　　如前所述，鄉村環境是全國城鄉人口生命安全所繫，鄉村景觀也是全國上下眾人前往欣賞寬心、感受幸福的目標，當作優先建設目標並不為過。其中尤以保護水源及土壤更是不可輕忽，配合都市發展而美化鄉村景觀，紓解都市人的心理壓力，也都甚有必要。

（三）建設以保護與美化為重

　　環境因會受到破壞需要保護，景觀可能粗糙與醜陋需要美化，破壞環境及醜惡的景觀有可能是自然的力量形成，也有可能是人為的力量所造成，保護的要務在防止與修護破壞，美化的要務則在防止醜化、製造美觀。

二、工業汙染必須防止與淨化

（一）工廠常是汙染的禍首

　　自工業化以後，工廠常是鄉村環境汙染的禍首。工廠造成的汙染約有三大方面：1.排放汙水；2.排放氣體；3.製造有毒物品。就此三種汙染的性質先略做說明如下。

（二）重要的工業汙染類型

1. 排放汙水

　　多數工廠都會排放廢水，而廢水若未經過完善的淨化多半有毒，重要的有毒物質包含各種化學元素、重金屬，以及染色。工廠的汙水流向低處的河川、水溝而至大海，途中可能因為水災氾濫、人為引用灌溉及自然流動，汙染農田、河流、社區、漁場及海域，造成人畜及水產遭受毒害與傷亡，土壤及地下水也遭受汙染而含毒受害，土壤及地下水源所灌溉的糧食等農產品、養殖的水產也都含毒。經過人體食用後，會直接損傷人類及家禽家畜的健康，最後都會傷害人類的安全。

2. 排放毒氣

多數工廠都經過燃燒加熱的處理過程，會排放氣體。其中不少排出的氣體形成黑煙，也有無色者；不論是否含有氣味，多半都有毒性，散發在空氣中，不僅會毒害人類及動物，甚至也會傷害植物，包括農作物。

工業廢氣順風向傳送，風向又常會轉變，因此工廠四周的社區、農田都有被汙染危害的可能。近來經常傳聞在工業區或大型工廠附近的居民受到工業煙害，發生奇疾怪病，包括各項癌症；學校兒童也因無法忍受工廠排放的臭氣而停課或移地上課，田裡的稻米枯萎死亡。工廠廢氣的毒害相當嚴重且恐怖。

3. 製造有毒物品

工業汙染不僅經由其排放的廢棄物而發生，甚至也經由其產品而傳送，許多經由化學技術處理的工業產品都含有毒性。在晚近臺灣社會上發生的含毒食用油品，即是經過工廠製造的產品，嚴重危及全民的食品安全。有毒的工業產品還有很多種，曾經發生毒飲料、毒麵粉、毒衛生紙、輻射鋼筋、毒塑膠、毒玩具等。這些有毒工業產品更會直接傷害食用者或使用者的健康與生命，每天都在發生，時刻都有危險，真是到了防不勝防的地步。

（三）防止與淨化工業汙染的必要性

臺灣工業化以後，工廠的各種汙染問題已扼要述說如前，為了國民的健康及社會、國家的安全，對於工業汙染非加以防止與淨化不可。自從高度都市化以後，各種工廠都逐漸遷離人口密集的都市，而分散在鄉村地區，因此防止與淨化的工作必須從工廠分布所

在地下手。防止與淨化的策略與途徑有多種，可從多方面注意與說明，在此僅從可參與行動的主體因素加以說明。

1. 政府制定適當的策略及施展行政的能力

政府是政治的執行者，而政治是有關管理眾人的事，工業汙染事關全體國民的安危，政府必然要將之列為重要的工作。應做與可做，但未做或未做好防止與淨化工業汙染的工作，包括適當政策與法則的制定，以及執行的態度與能力等，都需要政府再多做努力。

2. 業者發展良知並改進技術

不少工業汙染的發生都因業者缺乏良心與適當技術造成。缺乏良知的業者甚至會存心或裝傻，繼續製造汙染，也有缺乏知識的業者不知運用適當正確的技術，甚至誤用不當技術，以致造成汙染的後果，有必要從提升良知及增進技術水準兩方面同時努力。

3. 消費大眾的覺醒與出面制止

消費大眾常是工業汙染的受害者，必須要能覺醒，了解受害的危險性，並向政府及業者說不。最近油品等食安問題發生以後，消費大眾群起抵制，包括抵制對始作俑者財團的各種相關企業產品的消費，以及以選票反對執政的政府做為抑制，都發揮了不小的作用。

三、濫墾與土石流必須阻止

（一）山坡地濫墾與土石流密切關聯

　　早前山坡地開發較爲輕微，土石流也較少發生。但是晚近山坡地開發嚴重，土石流的災害也變得更加嚴重。山坡地不當開發形成濫墾，主要濫墾的目的在種植水果、蔬菜、檳榔、茶樹，或開發成休閒農場、民宿、遊樂區及道路等。開發時如果水土保持工作未能做好，就很容易發生土石流，濫墾過程多半爲非法使用。開發案有的合法，但也可能非法。在坡地濫墾或開發，覆蓋的林木被砍伐，花草被挖掘，土石被翻動，當降下大雨時就使土石流失，造成災害，不僅原地變得滿目瘡痍，土石沖下也可能造成河道阻塞、沖壞橋梁，也會覆蓋道路、良田，甚至村落。土石流失之後，自山上往下沖的雨水湍急，也常使河床崩潰，河邊的建築物倒塌，嚴重者常會導致巨額財產及多條人命傷亡。土石的災害多半因爲颱風的襲擊，帶來大量雨水，沖毀土石，釀成巨災。

（二）近代歷史上臺灣土石流的災害

　　臺灣控歷史上重大土石流災害的紀錄有：(1)一九八六年韋恩颱風造成南投縣信義鄉豐丘村的災害。(2)一九八七年琳恩颱風造成北部土石流災害。(3)一九九〇年歐菲利颱風造成花蓮縣秀林鄉銅門村土石流事件，有三十二棟房屋全倒，並有三十六人遭活埋。(4)一九九六年賀伯颱風帶來豪雨，造成南投縣信義鄉神木村滅村，罹難人數多達七十餘人。(5)一九九八年芭比絲颱風造成臺北縣新店市土石流的災害。(6)二〇〇〇年象神颱風造成臺灣

東北部及東部地區多處土石流，遇難人數達八十九人。(7)二○○一年臺北市地區性豪雨，造成復興山麓的土石流，致使一棟房屋被沖垮，一人死亡。(8)二○○一年七月桃芝颱風造成全臺發生多處土石流，遇難及失蹤人數共二百一十四人之多。(9)二○○一年九月納莉颱風造成三峽白雞、苗栗頭屋鳳鳴村等地土石流，共死亡一百零四人。往後每年颱風經常來襲，土石流也經常發生，大都有人傷亡。土石流隨著颱風的產生而成為臺灣社會與居民的魔咒。

（三）土石流必須防治及方法

　　土石流是一種嚴重的環境破壞，對生命財產的危害很大，必須加以防治，政府及人民應共同努力使其不發生或少發生，萬一不幸發生災害，應使其能減到最低程度。至於防治的方法，扼要的說，有如下幾種原則性的對策：(1)嚴密控制山坡地開發與建築管理，做好完善的水土保持設施。(2)在坡地植樹造林，護坡與加強疏浚河流，做好防治崩塌地工程。(3)審慎規劃國土利用，嚴謹評估山坡地開發的環境影響，做為決策的依據。(4)防止濫墾、濫伐、濫葬及隨意變更土地利用。(5)妥善評估、規劃及維護地震留下的地形地貌改變，及其環境生態影響。(6)制定及實施防災與救災策略。以上幾種防治土石流的原則性對策與方法，要認真實施也不容易，需要政府的相關主管機關及人民大眾共同努力才能達成。

四、農業汙染也應防治

　　鄉村地區的環境淨化，農業部門本身也有責任。因為不當的農業經營會造成環境汙染，最可能造成的汙染是施用過多或毒性太強的農藥，施用的農藥滲入土地，極可能排放到河流中，毒化了可貴的水資源。

　　農業汙染也常見出自動物的排泄物，牛、豬及雞、鴨等家畜家禽的糞尿未經淨化處理，不僅汙染水質，也汙染空氣。此外，農業汙染還可能發生亂堆骯髒物質，有礙觀瞻，以及不當燃燒雜草以致煙霧瀰漫，妨害附近行車安全。

　　要淨化與美化鄉村環境與景觀，這些農業汙染也必須防治。防治的方法主要是農業行為要恰當，不使用有毒農藥，不亂堆積髒亂廢物，也不亂燒雜草或田中稻草。農業汙染的防治主要依靠農民的覺醒與合作，不能只考慮對自己無害，卻會危害到他人之事。此外，農業推廣人員及農藥商也應當教育或指導農民。政府適當的管理措施也很必要。

五、應對都市化後的需求必須美化環境景觀

（一）臺灣人民需要鄉村的美化環境與景觀

　　臺灣都市化以後，居住在都市的人口增多，都市人口對鄉村的需求除糧食外，就是美化的環境與景觀。糧食可滿足人們的口欲，美化的環境及景觀則可滿足視覺及心境的欲望。都市人喜歡在週末

與假期驅車離開擁擠喧鬧的都市，到寬闊寧靜的鄉村郊遊度假。在旅途或歇腳的地方，能看到美麗的環境與景觀，便心曠神怡，增加滿足感。為應對市民的此種需求，鄉村地區環境與景觀的美化乃逐漸有起色，這種成就得自政府及民間兩大方面的努力。

（二）政府相關部門的規劃與建設

政府體系會注意及參與鄉村環境與景觀美化工作的部門主要有三方面，就其主要的參與及建設功能簡述如下：

1. 內政部營建署規劃建設國家公園

營建署內設有國家公園管理處，掌管全國國家公園的規劃、建設與管理，共選擇九處自然風景美麗的地方，做為國家公園的基地，再逐漸增加建設與美化。這九個國家公園的名稱是雪霸、陽明山、臺江、玉山、太魯閣、墾丁、東沙環礁、金門、澎湖南方四島等。這九個國家公園除了陽明山坐落在臺北市外，其餘都坐落在偏遠的鄉村地區。另外，自二○一一年增設壽山國家自然公園。都市居民到國家公園可觀賞自然美景、登山、戲水、滑雪、賞花。

2. 交通部觀光局

此一中央政府部門的業務與功能在企劃、建設、推廣、輔導全國的觀光旅遊事業，在全臺灣設有十幾個風景管理處、三個旅客或旅遊服務中心，以及三個旅遊服務處。也在外國許多大都市設置駐外辦事處，其業務也與各縣市的觀光局或觀光旅遊局相連結。因有此一機構的運作，有助晚近臺灣觀光旅遊事業迅速發展。

3. 農委會

中央政府農委會的業務中也很注重農業休閒旅遊的推動與發展，會內農民輔導處下設有休閒科，主管休閒農業的發展。各附屬機構包括漁業署、林務局、水土保持局、林業試驗所、農業改良場及茶葉改良場等，也都參與農業休閒旅遊的發展業務，對於促進都市居民到鄉村及農業地帶休閒旅遊的成效，有很大的功能與貢獻。

（三）民間的努力

臺灣民間參與美化鄉村環境與景觀的力量包括幾個不同的方式，第一方面是經營休閒農業的居民，將其休閒農場開發與整理成很美麗的景觀，具有對遊客的吸引力。第二方面是投資休閒旅遊事業的企業家，不少企業家從營利觀點投資開發遊樂區、觀光飯店及高爾夫球場等，都能將其環境整理美化，也使消費者遊客願意前往並停留消費。第三方面是社會服務團體，這些團體常以義務工作者的身分協助清理及美化鄉村的環境，其精神與貢獻甚為難得，但因要犧牲時間、精神與金錢，效能較有限。

六、美麗的田園風光成為市民郊遊的好去處

（一）都市居民下鄉也欣賞美麗的田園風光

都市的居民到鄉村地區的目的可能有很多種，除了遊覽風景區，也可能探訪親友及欣賞美麗的田園風光。不同的鄉村地區，田園種植的農作物不同，美麗的性質也不同，都市的遊客欣賞的焦點

也各不同。不少年輕的遊客可能最愛可採水果的果園或草莓園；有些遊客喜歡欣賞開花的梨園、桃園、梅園與李園，或路邊的櫻花；不少開車族對道路兩旁綠油油的稻田、番薯田都覺得美麗悅目。筆者曾在德國鄉村看到未曾看過的甜菜園，特別感到新奇。有一次到義大利開會，與友人租車走小路巡迴鄉村地區，看到田間置放捆好的牧草，也覺得相當美觀。再加上各地鄉村的古蹟很多，真是美不勝收。臺灣鄉村的田間，大多終年都是綠色，全島面積也不大，較少有特殊的變化與差異性，但從都市水泥森林出去的人，見了寬闊的鄉野能心曠神怡。

（二）近來有些經過精心設計的田園更能吸引遊客

　　近來有不少田園的主人為能吸引遊客到園中停留消費，會經過精心設計，讓景觀更加美麗，例如種植許多奇花異果、設置一些藝術雕像，都能使其外觀更加美麗，使遊客見了更為喜愛，並流連忘返。

七、花卉田園增添農村美景

　　花卉是人們最喜歡的植物之一，過去農田較少刻意種植只開花不結果的農作物，近來不少農田主人會有奇想，也種植只會開花、不會結實的花種。有些農民種花當做綠肥，有些種花採取種子榨油或當種子賣，也有人種花是響應鄉村地區的旅遊發展，用來吸引遊客，其中有些主人將花當成商品賣，如臺北陽明山竹子湖的農民

就賣白色的海芋，臺東金針山的農民則就地賣金針花，海芋是供欣賞，金針花則可供做食用。但也有些農田主人種花只供遊客欣賞，也許他們可從推動鄉村觀光旅遊的政府單位獲得一些補助，但也有人是因爲本身的嗜好，不計成本及收益，卻能爲鄉村地區增添美麗的風光。

八、開發風景區改善自然美景

臺灣大片的自然美景地區都被列爲國家公園，由內政部國家公園管理處負責開發與管理，其重要的政策是少做建築，維持原來的自然美，若有建築只是少量，也盡量配合景觀的特性，使能調和而不突兀。

近年來，在許多鄉村地區原始景觀不差的地方，都被交通部觀光局規劃開發成較小型的風景區，最常建設步道或行車動線，使行人能好走；也建涼亭與廁所，前者供遊客走累了可以納涼休息，後者則可供內急的人方便。這種地區性小型風景區的設施也有不少是由地方縣市政府的觀光旅遊局投入建設的，甚至也有由民間私人興建而成者。

九、社區更新與再生計畫整頓鄉村環境與景觀

過去政府的農政與地政部門陸續實施農村社區更新與再生計畫，名稱各有不同，但內容都不外含有硬體的實質建設與軟體的制

度性改革部分，其中硬體的實質建設將農村的環境景觀加以整頓，也因而使景觀改善與美化。過去多項農村實際建設的具體項目包含對舊住宅的拆除更新，對彎曲小巷擴大取直，對排水溝的建造整理，種植綠樹或草皮，修護道路、橋梁、公共活動中心、公墓等公共設施，每樣措施完成之後，都使農村環境與景觀煥然一新，較前美觀。

農村的社區與田園是構成農村外形架構的兩大部分，前者是鄉村人民居住與從事社會文化活動的地方，後者則是工作及從事經濟活動獲得收入的主要場所。社區環境與景觀的改善與美化，直接影響鄉村人民生活條件的改善，也使鄉村人民可從中感受到更加舒適與幸福。

十、高爾夫球場種植草皮及造景的美化

約自二十世紀末，臺灣人民興起打高爾夫球的運動風潮，在全島自北到南，由西到東，興建多座高爾夫球場。高爾夫球場的建設過程曾有不少爭議，給人負面的觀感，包括破壞水土、提供富人休閒娛樂的設施、擴大貧富者生活程度的差距。有些球場侵用到政府的公有土地或他人的私地，因而有違法的事情發生，維護草皮常會施用不少農藥，危害水資源。因有這些負面的印象，社會上有不少人對於此種休閒運動設施未存有好感。

平心而論，高爾夫球場對於保護鄉村環境與美化鄉村景觀也有正面的功用，球場主人為了維護球場的安全與營運功能，不得不做好水土保持，注意養護草皮，重視造園美化。多半的球場景觀都算

美麗，但可惜未能像公園般開放給所有的民眾使用與觀賞，只有付得起昂貴費用的中上階級才有機會享用。如果臺灣能像先進的歐美及澳洲等地，設有較多的公有球場，收費低廉，則高爾夫球場在鄉村環境及美化鄉村景觀方面的正面功能，將會更加受到肯定。

十一、多見美化的公共設施

鄉村地區逐漸多見公共設施，新建的公共設施不僅重視實用，也較能注意到美觀。前述多處的國家公園，因為自然美景而被選取列入，被選入後更注意境內的美化，使原來的自然美景能更方便展現在遊客的眼中。

許多被國家觀光旅遊行政單位或私人地主規劃開發成吸引人的旅遊景點之處，都花了不少金錢增建美麗的設施，例如花圃、涼亭、瞭望臺、吊橋、遊艇、沙灘等陸上及水邊的設施等。

有些公私有遊樂場所為了吸引兒童的興趣，造設摩天輪或電動跑馬場等設施，且將其繪畫成光鮮的色彩，在大人看來也許並不認為好看，卻能使兒童感到興趣與瘋狂，認為是很美麗的景觀。兒童最愛的動物園，除有各種各樣的動物，也都將其住處建設成很搭配的奇形怪樣，頗有美感。

參考文獻

湯幸芬，2005，《鄉村旅遊的內涵與實踐》，鄭健雄、郭煥成
　　編，休閒農業與鄉村旅遊發展，中國礦業大學出版社印行。

王雲才，2006，《鄉村旅遊規劃原理與方法》，科學出版社。

歐聖榮編，2007，《休閒遊樂理論與實務》，前程文化書業有限
　　公司印行。

蔡宏進，2004，《再論農村社區休閒遊樂及其發展》，臺灣鄉村
　　研究，第4期，111-122頁。

蔡宏進，2002，《論鄉村改造運動：由初級生態到休閒旅遊》，
　　農訓雜誌，19卷7期，42-45頁。

第六章
提供休閒旅遊與娛樂服務之功能

一、鄉村的美麗環境與景觀供爲休閒旅遊與娛樂之用

（一）美化環境與景觀以提供休閒旅遊與娛樂爲主要功能

前章敘述近來臺灣鄉村在美化環境與景觀方面的多種使命與努力，其主要功能在於提供休閒旅遊與娛樂服務之用途，也使居住在鄉村的人民能較賞心悅目，並藉服務休閒旅遊與娛樂而增加收入，改善生活品質。

環境與景觀的美化可以吸引外來遊客，也能鼓舞本地居民從事休閒與娛樂活動，因爲遊客及當地居民都會對美麗、安全、乾淨的環境與景觀有好感，願意接近、觀賞或使用，滿足欲望與需求。各種鄉村旅遊地在尚未建設與美化之前，少有外人願意前往停留，但經建設美化之後，常會吸引人潮前往。

（二）不同美化的環境與景觀吸引不同的遊客與休閒娛樂者

鄉村美化環境與景觀的式樣有許多種，在前章所列舉大致包括天然風景區、建設的景點、田園風光、經過整頓更新的村落社區、高爾夫球場，以及遊樂場等其他私營或公設的公共設施。

各種美化的環境與景觀吸引的遊客人群有共同者，也有差異者。各種差異的遊客人群，都因其興趣偏好的不同，而對美化環境與風景有不同的選擇。兒童遊客最喜歡光臨觀光果園、遊樂區或動物園，年輕的情侶最喜歡到羅曼蒂克的花卉田園，愛好運動的人最喜歡到可以戲水、健行、爬山、滑翔翼或越野車之地，老人則較喜歡到有靜態美景並能享受美食之地。

二、觀光果園的休閒樂趣

臺灣農村的休閒旅遊事業發展過程以發展觀光果園為起步，果園提供的果樹類別則以柑橘類最為普遍，後來則以採草莓最負盛名，此與美國的遊客到觀光果園採蘋果或梨子等有異曲同工之妙。

到觀光果園採果實的樂趣無窮，老少咸宜，遊客可邊採邊吃。當人走入果樹或草莓園時，與泥土、樹木、花草接近，呼吸果樹的香氣，觀看樹上懸掛成熟的果實或遍地鮮紅的草莓，唾手可得，無不感到興奮。調皮好動的兒童，還可在園中跑跳追逐，享受無比的樂趣。

在臺灣休閒農業發展的歷史過程，此種觀光農園發展的時間不長，因為果實成熟的時間短暫，無法永續經營，也因遊客容易忘形踐踏農產品，不加珍惜。後來多半轉型成休閒農場，除了提供採收，也經營餐飲、體驗等多樣的服務，從更廣闊的角度滿足遊客的需求。

三、休閒農場的休閒旅遊價值

休閒農場與觀光果園的不同之處在於前者可提供較多元的服務，且面積通常也都較為廣闊，可在農場中做較多的設施，也較方便進行多樣的休閒活動。本書在前面提過休閒農場的休閒類型有多種，包括觀賞、體驗、教育、飲食、住宿、運動、玩耍、開會、購物等。住宿的設施可吸引遊客在農場中停留較長時間，願意做較多

的消費，可獲得較多的滿足。農場方面也可獲得較高的收入利益。

　　休閒農場的經營者有兩種不同的類型，一種是小農經營的農場，另一種是由財團或農民團體的農會所經營比較大型的休閒農場。當然有些農民經營的農場面積也不小。一般較大型的農場，設施與服務都較完備，能吸引的遊客也較多。小農場能提供的服務及吸引的遊客都較有限，多半靠其提供有特色的休閒服務來吸引消費者和遊客；也需要經由結合區域內其他小農場，以共同經營或合作經營的方式來擴大規模，共同創造多元豐富的服務，創造農場的生機。

　　近來臺灣休閒農場創造的鄉村休閒旅遊的功能與價值不少，許多人在週末及假日到鄉村透氣散心，常以休閒農場為光顧歇腳的地方。一日遊者，在農場上享受一頓鄉土午餐。多日遊者，則在農場住宿，享受鄉間夜晚的寧靜，都能於工作緊張忙碌之餘，獲得放鬆舒暢，累積能量再出發。

四、旅遊村的休閒與娛樂功能

　　臺灣旅遊村的發展雖尚未十分普遍，但已有萌芽的跡象，少數具有歷史文物或景觀美麗的村落，都有遊客會前往遊覽觀賞。過去，屏東的四重溪因有溫泉的天然資源，曾經成為聞名全省的旅遊村；近來，新北市的九份因為位居高處可以看海，且其古老小巷頗具特色，附近的金瓜石因有開挖金礦的歷史事蹟，吸引了許多國內外觀光客，使原來已沒落的礦村，復活成重要的旅遊村。中部的鹿港因為是歷史古鎮，近來經有心人經營多種文化產業，如買賣古

董、製造花燈、工藝品，以及傳承一些古早味的小吃，吸引不少遊客。三義的雕刻工藝馳名全臺，假日的遊客車水馬龍；不少濱海的小漁村，也能吸引許多遊客專程前往品嚐海鮮。有溫泉或花海的若干寶地，都成為著名的旅遊村。

上述許多旅遊村多半都坐落在山區或海濱，在平原地區風景較為平淡，發展成旅遊村較為困難。但近來也有不少平淡鄉村地方，常以經營某些特產而聞名各地，假日週末也會有不少遊客前往停留、採購或品嚐，逐漸有演變成旅遊村的趨勢。

臺灣有不少曾經製造生產蔗糖的糖廠，都坐落在小鎮或邊陲地帶，自從糖業消除之後，多半的糖廠都轉型經營休閒事業，在廠區內販賣冰品、設置觀光小火車、陳列各種蔗糖的歷史資料，甚至辦理季節性的嘉年華會。也有糖廠的農場田地轉型成設置遊樂區，都可能逐漸變成旅遊村，吸引遊客前往休閒旅遊，對促進鄉村旅遊發展，功不可沒。

五、自然景點對遊客的吸引力

（一）景點的意義

所謂景點，是具有美麗景觀地點的簡稱，這種地點也常是風景區或旅遊勝地。風景區具有特殊優美可看的自然生態條件，因其風景特別美麗，受人喜愛，而成為觀光與旅遊要地。

自然景點都係先天自然形成，也可能於後來添加建設與修飾，使其更加宜人。但有些景點並非因為自然的優異條件所形成，而是

經由人為力量營造而成。不少人文薈萃的聞名勝地，也常是重要的景點，但這種景點不是自然的，而是人為形成的。

（二）景點的吸引力

自然與人文的景點對於外人特別有吸引力，主要是有足夠值得目睹與欣賞的條件。因為較為稀有，觀眾與遊客會特別感到珍貴。愈稀有、愈美麗、愈珍貴的景點，吸引外來遊客的數量也愈多，有些遊客甚至來自非常遙遠的地方，聞名而來觀光旅遊，因為來之不易，來了之後都想購買一些小物品當做留念，也因此幾乎所有觀光旅遊的景點都有販售紀念物品，多半以當地的特色為背景，製作成小巧玲瓏、容易攜帶與保存的式樣。除了紀念品也會將當地的特殊景色用照相或繪畫貼印在明信片上，方便遊客郵寄給遠地的親朋好友，表示曾經到過景點一遊。販賣紀念品與風景片，都可使景點添增一些吸引力，使來訪的遊客收穫更加充實。

六、大型遊樂場與遊樂區的娛樂意義

臺灣鄉村地區的休閒旅遊與娛樂服務之功能也含有大型遊樂場或遊樂區的類型。常見的大型遊樂場或遊樂區約有三大類，一類是電動機械性的遊樂設施，例如在場內設有供給兒童遊樂的摩天輪、電動車、各種生活娛樂動態館等。第二類是朝向置放各種生物，包括植物及動物的自然生態園區之類。第三類是綜合性的。就此三類大型遊樂場或遊樂區的娛樂意義略做說明於下。

（一）電動遊樂場區

在臺灣較著名的此類遊樂區有劍湖山及月眉育樂世界（後改名麗寶樂園）等處，這些遊樂場設有多處的電動機械遊樂設施，包括室內及室外，適合兒童遊玩；也設有表演廳與秀場，適合成人觀賞。

（二）野生動物園等自然生態場區

此類遊樂場區較適合兒童遊樂，因為兒童需要大人陪伴，因此雖重點在吸引兒童遊客，但仍需考量成人遊客。臺灣著名的此種動物自然生態園區有六福村野生動物園及頑皮世界，前者包括美國大西部及急流泛舟等，後者則主要置放各種野生動物。

（三）綜合性的遊樂園區

此種遊樂園區內的設施與服務較為多樣性，包括前兩種都有，六福村原以野生動物為起始點，後來也增加多種遊樂主題，包括水上樂園、吉祥物哈比等。成立的日子較久，遊樂區的設施更加多樣且豐富。

很早就設立的走馬瀨農場、東勢林場、新光兆豐休閒農場，以及新設立的義大遊樂世界等，都是屬綜合性的休閒與遊樂場區，場區內的遊玩娛樂項目都甚多樣。

七、長期住宿的風尚與制度

（一）長宿風尚與制度的興起

　　長期住宿簡稱長宿，英文稱為long stay，是指一種長期赴外地休閒度假式的住宿，具有異地養老，也像候鳥式休閒生活。此一風尚制度約在一九八〇年代起流行於日本，日本老人不僅在國內異地長住，甚至也到外國長宿。我國約自二〇〇五年起由農委會引進，先是為應對日本客人，後也計劃推廣給國人。曾有日人前來，在埔里長住，不久便嫌棄環境不佳而終止。

（二）鄉村小鎮是較佳的長宿地點

　　喜歡到異地長宿的人，多半喜歡選擇鄉村、小鎮，因為長宿者多數來自城市，選擇鄉村或小鎮較為寧靜純樸，安全性較高，環境也較清靜，生活費用較低，人情味較濃，醫療、交通也尚稱方便。我國在引進此一風尚與制度之初，農政單位曾規劃埔里、新營、美濃、大同、臺中、臺東、花蓮郊區等地發展成招攬日本銀髮族前來長宿的地點。可惜此一政策曇花一現，推行不力，未能實現良好成績。反觀日本銀髮族到東南亞國家長宿的人數不少，使接受國受惠，增加可觀的收益。前來我國者則較多長住在城市中的中等飯店，鄉村的長宿者則以國人較多。

（三）未來的展望

　　展望未來長宿制度在我國鄉村小鎮展開仍不無可能，如果政

策上能更積極推行，更努力爭取，仍可能會有較可觀的成績，同時
國內在都市退休的老人，也有可能選擇到異地鄉村地方長宿一段時
間，過著較爲安靜悠閒的晚年生活，當前就有不少年輕的背包族，
遇有較長的假期時很喜歡到風景美麗的鄉村地區住幾宿，雖然住宿
時間都不長，但其趣味與意境與長宿卻很類似。

八、爬山、泛舟、賽車、垂釣、潛水、打小白球等休閒與娛樂

（一）鄉村中有適合各種運動休閒的場所

　　有些運動休閒隨時可做，有些則較多設立在都市地方，但不少
休閒運動場所則在鄉村地區較爲合適。這些較適合在鄉村地區進行
的運動休閒，多半都是要有自然生態的背景條件，或需要有較寬廣
的空間。爬山、泛舟、戲水分別要有山區及急流，賽車要有寬闊的
賽車場或較少人煙的道路，垂釣要有河流、湖泊及濱海的水域，潛
水則要到深海，打高爾夫球的球場雅稱鄉村俱樂部。這些地點都是
在遠離都市的鄉村地區。

（二）到鄉村地區從事運動休閒的人不少是都市人

　　到鄉村地區從事運動休閒的人，固然會有當地或外地的鄉下
人，但更多會是來自都市的人。都市人居住的環境缺少自然生態，
活動空間也都較擁擠狹窄，因此對於自然山岳、湖泊、河流、海
洋，以及少有人煙的鄉野地區都較嚮往，將之當成戶外休閒運動的

重要去處。

（三）到鄉村運動休閒常會成群結伴

　　有些運動固然可以單獨進行，但成群結伴當更為有趣。各種鄉村地區的戶外休閒運動者，常會成群結伴，較有趣，也較安全。其中有的是家人，有的是好友，也有些是加入團體的成員，愛好登山者常加入登山隊，與隊友一起登山。喜歡潛水的人也都有隊友同行，打高爾夫球也常要組成三、四人才能下場。只有垂釣者有不少獨自守在河邊、湖邊或海邊的獨行俠，但有伴者也會較多。成群人一起休閒運動可以談話，較不孤單也較有趣。

九、鄉間野味小吃的魅力

　　不少居住在都市的人，會在週末假日馳車到附近或遠處的鄉間品嚐小吃野味，尤以光顧濱海漁村的海鮮店或山區的土雞城及山產店最為盛行。這些遊客下鄉除了品嚐野味小吃，也沿途兜風觀賞田野風光，當做郊遊的目的。

　　不少距離都市不遠的鄉村小吃店，生意興隆的情況常不亞於都市中的大飯店，雖然店鋪的設備簡樸不豪華，但因提供的食材新鮮味美，價錢也較低廉，因此能為消費者所喜愛，食客絡繹不絕。

十、公路花園與休息站

　　臺灣鄉村地區有一處有名的公路花園，是彰化縣永靖鄉，境內沿著省道公路兩旁的田園種植花卉與樹苗，形成花卉公園，吸引不少開車的遊客下車觀賞與採購，成為週末假日開車族專程或順道停留休閒遊樂的去處。抵達現場可觀賞與採購的花卉與苗木，種類較多，大小也不同，價錢也都較便宜，因此獲得不少都市開車族的青睞。

　　臺灣貫穿全島的南北高速公路沿途也設有不少休息站，站內的設施都很周全，比起西方開發國家的公路休息站更具規模，提供的服務也更周到。在歐美國家，高速公路旁的休息站常只提供品味單調的速食餐，但臺灣高速公路旁的休息站提供的飲食種類較為豐富，供應銷售的禮品種類繁多，可做較多的選擇。有些設施較完善，服務也較周到的休息站，如國道三號沿途的關西及清水休息站，座位寬廣清爽，在清水休息站停留還可觀看落日餘暉以及眺望夜景燈光之美景。站內廣場還設置看臺及座位，遊客可觀賞樂隊演奏或藝人表演，常使開車族流連忘返，忘卻開車趕路的辛勞。有些瘋狂的開車族不是為了路過下來休息，而是專程開車到此休息站喝咖啡、看落日、觀夜景或聽音樂演奏，於盡興之後再趕車返家。

十一、海洋的呼喚與田園饗宴

　　海洋與田園都有其美麗之處，但在農業時代，其重要價值都只

重生產，而到工業化與都市化以後，休閒的價值與功能則逐漸高過生產。就近來臺灣新發展的海洋及田園的休閒娛樂功能述要如下。

（一）海洋的呼喚

海岸的沙灘常是夏季消暑的勝地，過去的消暑方法是下海泡水游泳，近來則由年輕人創造出在夜間舉辦大型音樂會，還可在沙灘跳舞同樂，取名海洋的呼喚。從最南端的墾丁海灘開始至北部的福隆，每逢春夏季會有成千上萬青年自北、中、南各地匯集，瘋狂兩三天。

（二）田園的饗宴

田園饗宴顧名思義是在田園之中搭棚擺菜設宴。此種休閒旅遊節目先在花東較具旅遊名氣的鄉村田園之中舉行，由藝術家設計推銷，以年輕族群為銷售對象，經過網路廣告及預售門票，於特定日到預定地點休閒旅遊並享受田間美食。據說票價不低，但都能銷售一空。此種新興的鄉村休閒活動，噱頭十足，卻很吸引人。

十二、露營與民宿之旅

鄉村地區提供的休閒旅遊活動還有露營與民宿一項。地方政府為了推廣休閒旅遊活動，在境內規劃露營區，供給喜好者合適的露營去處。有些不願或不便攜帶繁重露營用具的遊客，則會選擇在民宿過夜，體驗與享受鄉村的夜間生活。

　　露營與民宿在歐洲先進國家都很盛行，臺灣也於近年內興起響應，不少平民增添了休閒旅遊的能力與機會，也使偏遠的鄉村地區有自外鄉前來的訪客，增多與外界交流的機會。

十三、小白球場上的運動休閒

　　約自二十世紀末期以來，臺灣打小白球（高爾夫球）的運動也很風行，這種球類場所的設置要有廣闊的土地，一般一個標準球場的面積約有四、五十公頃。在歐美國家曾見有大都市內的大公園中附設此種球場，但在臺灣都市中的土地寸土寸金，未見有如此奢侈的設施。臺灣的高爾夫球場多數分布在土地較不平坦、地價也較低廉的山區或丘陵地，多半由財團投資資金開發而成，以招募會員售賣證照的方式集資營利。未有公家設立供公眾謀福利的球場出現，只見少數早期由軍方或石油公司在其擁有土地上開發的幾座球場，開始時只供其員工或內部成員玩樂，後來也有開放供外人運動、玩樂的情形。

　　高爾夫球場的主要設施是草坪及樹木，景觀都很優美，但因入場費貴，一般平民百姓少能進入場中觀賞，進場打球休閒者都有不差的收入水準。場上除可提供場地打球，亦有沐浴及用餐的休閒設施與服務，兼具運動與休閒的雙重功能。

十四、宗教節慶的休閒娛樂活動

　　臺灣不少鄉村地方有具規模的廟宇，多半的廟宇都會在供奉神明的生日舉行節慶祭典。祭典活動的方式很多，有擡轎遶境遊行，有燃放蜂炮或煙火，有放天燈或水燈，有燒龍船，也有組成宋江陣或舞獅團沿街逐戶拜訪，有搶孤及炸寒單等儀式及活動方式，由當地的信徒以及外來的遊客共同參與響應，熱鬧非凡。

　　自從海峽兩岸人民交流開放以來，不少鄉間的宗教團體也紛紛組團前往中國進香取經，信徒兼顧敬神及到遠地旅遊的目的。此類進香的團體以媽祖廟的信徒最為多見，而其進香的地點是湄州媽祖廟，位於福建蒲田市湄州島，是全世界著名媽祖廟的祖廟，始於北宋，至今已千餘年。

十五、婚喪禮儀與休閒娛樂服務

　　早年鄉村的婚喪禮儀固然是很莊嚴的事，但也穿插或附帶休閒服務功能。婚禮的主要休閒節目是宴請親友吃喜酒，大家聚集一堂，共享美食，飲酒言歡並交流。婚禮中也常穿插鬧新娘、取樂親友觀賞的娛樂節目。

　　喪禮本來是很悲戚的場面，但在傳統儀式中有的為了安慰死者在天之靈，忘卻煩惱與悲哀，會在祭典過程中穿插雜耍等節目，鄰居親友可當做有教育意義的娛樂節目觀賞。在臺灣社會經濟蓬勃發展的時期，不少有子孫滿堂的老者壽終正寢時，有些子孫投其所

好，爲其辦理電子花車，看在村人鄰居的眼中也有幾分休閒娛樂的意義。

參考文獻

邱湧忠，2006，《休閒農業經營學》，茂昌書局印行。

王俊豪，2003，《德國鄉村旅遊認證制度，農政與農情》，136期。

鄭健雄，2006，《休閒與遊憩概論：產業觀點》，雙葉書廊印行。

陳昭郎，2009，《休閒農業概論》，全華書局印行。

蔡宏進，2011，《鄉村旅遊》，揚智文化事業印行。

蔡宏進，2009，《休閒遊憩概論》，五南圖書公司印行。

蔡宏進，2010，《休閒社會學》（二版），三民書局印行。

蔡宏進，2008，《休閒遊憩概論》，五南圖書公司印行。

蔡宏進，2011，《鄉村旅遊》，揚智文化事業有限公司印行。

顏建賢，2009，《長宿休閒概論》，華都書局印行。

第七章　健全鄉村組織安定社會秩序

一、鄉村基層組織的重要性

臺灣的鄉村中存在基層的社會組織，這些組織有很重要的角色與功能，而最重要的是安定社會秩序的基礎。

基層組織是指由最基層的民眾所組成的最基本的團體或結社，人數通常不多，常稱為草根組織（grass-root organization），卻可以擴大成更大的團體，基層組織是社會大型組織不可缺少的基礎組織，也是仲介組織，其重要性可分幾點說明。

（一）媒介個人及大社會使個人熟悉社會生活性質

基層組織是介於個人與社會之間的團體或結社，組成人數通常不多，少者兩三人，多者也不過僅有十餘人或數十人。這種團體或結社形成具體而微的社會組織，組織設有各種規範與制度，組織中的每個份子都要遵守，個人參與其中便能有與身外之人息息相關的概念。如果個人不守規範與制度，便會傷及他人，也就會受到組織的糾正或懲罰。

（二）可使組織份子增加互動並能互相幫忙

鄉村居民加入各種基層組織，都可增加彼此的互動，由是也可彼此幫忙。同一組織的份子在情感與心理上會覺得同是圈裡的人，也是自己人，彼此會較親近，也會較樂意互相幫忙。個人在較小規模的基層組織能與他人建立密切的關係，也間接有助其與大組織的凝聚關係。

（三）是鄉村社區或其他組織的基礎

有基層組織的存在，可當做個別組織份子與基層組織外圍或上層大組織的媒介或橋梁，可連繫和溝通個人與外圍大組織的關係。一方面幫助大組織對組織份子的了解，同時也可幫助組織份子有效取得大組織的支援。缺乏基層組織的運作，大組織很難團結並發揮功能，也難完成使用，或達成目標，個別份子也很難從大組織獲得滿足。

二、鄉村存在多種社會組織

（一）鄉村組織的意義

鄉村組織可分動態與靜態兩方面的意義，動態的意義是指鄉村人民結合、分工、溝通、指派或安排與執行任務等的過程；靜態的意義是指關係密切的組織體，從很小的團體到大型的結社都是。凡是過著社會生活的人類都會經過組織的過程，也都會組成各種組織體，對個人及對全部的人類都有好處。

（二）組織的類型

構成鄉村組織的因素很多，亦即其建立的指標很多，廣泛言之，可依目標、手段、受益者、人際關係型態、規模、功能、技術水準等為指標加以分類，但較有意思的分類方法是，可分為傳統文化形成的組織及現代生活形成的組織兩類。前類組織是指建立在傳統文化價值與概念下，後種組織則是指因現代生活的需要而形成

者。前者有家庭、廟會等宗教性及延伸的組織，後者則包括各種興趣性、政治行政性及特殊功能性的組織等。歌唱班、太極拳或外丹功、早操隊、練武團隊、旅遊團、長青會等都屬興趣團體或組織。村里鄰編制、社區理事會、社區發展委員會、政府機關的單位、政黨小組、調解委員會及義警義消等，都是行政性及政治性組織。農會輔導的農業推廣基層組織、公司、工廠、獅子會、青商會、學生家長會、各種公會或工會等，則都是特殊功能性的社會組織。各種不同組織的緣起、規範制度不同，功能也都不同，但都可為組織的成員提供與滿足各種生活上的需求，促進鄉村社會生活的多元複雜性，以及進化性，為大社會與國家奠定盤根錯節的穩定基礎。

（三）鄉村組織的功用

系統而言，鄉村組織的功用有三大方面：對個人、對組織或團體結社，以及對大社會與國家。

1. 對個人的功用

個人加入組織，重要的功用無非是這些：(1)藉用團體力量突破限制；(2)營造適當環境發揮潛力；(3)在組織中發展興趣；(4)透過組織獲得成就；(5)建立信心；(6)得到學習；(7)解決問題；(8)增進效益。

2. 對組織、團體或結社的功用

這方面的功用也有多種：(1)發揮功能達成目標；(2)壯大力量辦理成就眾人之事；(3)聚集權力壓制反抗；(4)協調紛爭達成整合。

3.對大社會與國家的功用

在這方面的重要功用包括：(1)促成分工，加速進步；(2)建立規範，避免崩潰；(3)媒介個人，溝通社會；(4)提供貢獻，促進繁榮。

由上列的多種功用可知，在鄉村設立各種組織，對個人、組織本身及大社會與國家都有好處，因此在鄉村社會中會興起多種的社會組織。

三、鄉村組織份子間的關係密切互動自然坦誠

將臺灣鄉村的社會組織與非鄉村的社會組織加以比較，會發現有不同的地方，其中最重要的差異是鄉村組織份子間的關係較為密切，互動都較自然坦誠，大家參與組織的活動較能真心誠懇。主要的原因可分下列幾點說明。

第一，鄉村組織份子都是當地人，長時間甚至多個世代都居住在一起，少有從外地遷移來的人，因此大家都互相認識，少能虛假或敷衍，否則會被他人責罵，也被眾人輕視。

第二，鄉村務農的工作養成老實的良好德性，不習慣欺騙與奸詐，也較大而化之。不像做買賣的人，喜歡減斤扣兩，貪取蠅頭小利，鄉村人與他人往來都較誠實懇切。

第三，鄉村中的住民世代居住在社區中，彼此非親即戚，或是平時都相互幫忙的鄰居友人，關係親近密切。加入組織團體以後，也切割不斷這種密切的親情，仍會密切互動與連結。

有以上三種社會基礎，鄉村地區的社會組織關係較像英美社會

學家所說的community（社區），而非結社（association），或較像德國社會學家所說的gemeinschäft，而非geselschäft。國內社會學者稱這種社會關係或結合是有機的，而非機械的。這種社會組織的關係人都較容易取得共識，少有計較與紛爭，有利做團體性的公共建設，也能較順利推展公共事務。

四、組織對成員的行爲有效約制

（一）兩種約制力量

　　鄉村社會組織對組織個體的約制力，比都市社會組織及其他組織對成員的約制力佳，約制力量主要來自兩大方面，一種是組織份子本身對自己的內控力量，另一種是組織對份子的外控力量。內控力量的大小因個別份子對組織的認同態度而定，認爲組織對自己重要、有用，值得自己的付託與信賴，乃會對之忠心服膺，因而會努力約束自己，不違逆或抵抗組織。對組織交付的任務惟命是從，對組織忠心耿耿。反之，如果組織對本身無用、不公，組織也無良好的功能，並無值得敬重與心服之處，個人對組織就不會忠誠，不會努力維護，不會願意聽命，也不會約束自己對之順從。

　　外控力量的大小與組織規則是否完善妥當、功能是否良好、結構是否健全、對待份子是否公正、領導是否正確等，都有密切關係。結構健全、功能良好、領導正確有方、紀律嚴明、治理公正等的組織，也都能對組織份子產生良好的影響力與約制力，使組織份子都能順應組織的作風，並共同致力於組織目標的實現。

（二）較佳約制力的原因

　　臺灣農村社會組織對個別份子會有較佳的約制力，其來有自，重要原因約可分成下列幾點說明：

　　1.組織份子的關係相對較為初級性。

　　正如在本章前節的說明，鄉村組織份子間的關係較為密切，互動也較自然坦誠。這種社會關係與互動基礎，會使組織份子對組織較為忠誠，也較遵從。

　　2.鄉村組織的領袖較多是自然領袖，也就是受大家尊敬的賢達士紳或長老，故其言行較能為組織份子所接受，組織份子對其傳達的信念或指令，也都心甘情願且樂意遵行。領導者對屬下的組織份子都較有號召力，也較能令人信服。

　　3.組織份子較同質性心理，態度也較一致，大家較願意為組織效命。

　　鄉村居民的生計方式大致相同，多半以農為業，其生活習慣及心理態度都較相近一致，大家為組織效命也相當於為自己效命，故較樂意為組織犧牲與奉獻，也較心甘情願聽命組織的指示與要求，對組織交代的使命也都較樂意努力達成。

五、農業推廣基層組織功能可取

（一）農業推廣基層組織發展的過程及功能

　　約自一九五〇年代初開始，臺灣農業推廣工作在農村復興委員會（簡稱農復會）極力推動之下，逐漸發達，包括加強農業雜誌的

傳播及農業推廣基層組織的設立。為復興農村推行農政，在省縣市及鄉鎮都設立三級農會，在鄉鎮農會之下設立推廣股，組設農事研究班、家政改進班及四健會等三種農業推廣基層組織，分別指導成年農民獲取農業知識、技術，農家婦女治理家政的知識及技術，以及青年農民學習農業經營及農村生活的知識。在一九六○及一九七○年代臺灣的農業推廣事業極為發達，在大學中設有農業推廣學系，從事教學及研究，支援實務的推行。

　　約至一九八○年代初，各鄉鎮農會的推廣部門為改善農產品的生產及運銷效能，又積極輔導農民組設農業產銷班，加強農民對各種特定農產品的生產及運銷，藉以提升農民的收益及生產意願，也可使都市的消費者能獲得較好的機會與程序，購得需要的蔬菜及水果等農產品。

（二）各種農業推廣基層組織可取的功能

　　農事研究班、家政改進班、四健會及農業產銷班等農業推廣基層組織，各有特殊的任務，也各有不同的功能。這些基層農業推廣組織也是基層農民組織，各有其特殊的功能，也有共同的功能。如下先說明特殊的功能，再述共同的功能。

　　農事研究班的特殊功能是在教育及輔導成年農民的農業生產技術。各地農業生產種類都多於一種，研究班學習的生產技術與知識常包括區域內農業生產的所有種類，但也可能選擇重要的農業生產種類，特別加強指導與教育。家政改進班組成份子主要是農家的婦女，重要的理家治家知識與技術包括烹飪、裁縫、營養、衛生及理財等。四健會的特殊功能在指導青年農民各項農業知識及技術，以

儲備未來成年農民為主要目標。此外，也輔導青年農民參加社區服務、環境保護，以及康樂活動，發揮個人的生產及生活能力。產銷班可說是較特殊性的農事研究班，依照經營農業生產種類的不同，分別教育及輔導其特殊的產銷方法與技能。

綜合各種不同的農業推廣基層組織的活動與功能，可看出有其共同的目標與使命，即是改善農家的經濟及社會文化生活水準與品質，也因而可間接促進鄉村的全面發展。

以上這些農業推廣基層組織所克盡與發揮的功能都甚可取，不僅幫助農民農家改善農業、經濟與生活，也促進全國農業的發展，農村社會的繁榮，農家與農村生活的改善，對於國家的發展也有很大的幫助，故都甚為可取。

六、興趣團體的發展與功用

（一）定義與類型

興趣團體的英文名稱為Interest group，是指推動公共事務及創造興趣與利益的志願性社團，包括合作社、慈善團體、人權團體、鄰居結社、交易社團、學習益智團體、健身運動及休閒娛樂團體等都是。各種興趣團體都是志願性，也都是非營利性。多種興趣團體可歸納成數種類型，第一類是經濟性的，例如工會或商會等；第二類是專業性的，如各種學會或協會；第三類是公益性的，如環保聯盟、公平交易委員會等；第四類是特殊興趣團體，如各種球隊、畫家聯誼會，或醫師公會等。這些特殊興趣團體，也可能形成

有特殊意見的壓力團體。

（二）近來鄉村中發展出多種興趣團體

興趣團體的形成常因組成份子具有相同或類似的工作與生活背景，或是為了增加共同或類似的興趣，或是為了解決共同或類似的問題。臺灣各地的鄉村，人民有共同與類似的工作和生活背景，因而有共同或類似的工作與生活上的喜好、興趣或問題，於是共同形成興趣團體。這些團體的份子有的是都市人，也有的是由非都市的鄉村人所組成。

當前存在於臺灣鄉村地區的各種興趣團體，也包括前面所述的四大項重要類型，即經濟性的、專業性的、公益性的及特殊興趣性的等。當前各種不同類型鄉村興趣團體又可追塑到兩種重要的不同來源，一種是自古傳遞至今的農業工作與農村生活因素所形成，另一種是近代鄉村變遷下所產生者。因為細項種類很多，於此不作詳細列舉，僅選擇若干較為流行者，說明其組成份子的共同興趣所在的情形。

1. 工作團隊（workteam）

過去，鄉村中的工作團隊較多見於農場工作上，例如有插秧團隊，有甘蔗採收班，或番薯採收隊等。這些團隊都因為自己農場上工作的需要，或為了賺取工資而組成。工作的過程必須以全團隊的人力共同進行，無法以單獨個人的力量完成。自從農業機械化以後，此類農業工作團隊逐漸消失，如今流行在鄉村地區的工作團隊則有建造房屋或公共設施的工程團隊、婚喪喜慶的工作團隊、神明宗教活動的工作團隊、社區建設或發展的工作團隊等。

2. 休閒娛樂團體

　　近來鄉村人民對休閒生活的需求比從前大有增進，得力於外界包括政府及旅遊業者的鼓吹，以及經濟改善後人民生活水準提升，於是有多種休閒娛樂興趣的鄉村人民常共同組成休閒娛樂性的興趣團體，例如由老人組成的長青會或長青俱樂部、旅遊團、歌唱班，以及其他學藝及遊戲團體等。其主要的宗旨與目的是休閒娛樂與旅遊，也藉此擴充人脈，增進社會資本。

3. 使命性的團體

　　這些團體都因負有某種特殊的使命而組成，此類團體有慈善團體、政治活動團體、宗教團體、環保服務團體、農運團體、工運團體，以及電腦教學班等。組成團體的目的都是為了增強力量與效率，達成特定使命。

（三）功用

　　以上各種重要的鄉村興趣團體都是鄉村社會組織的基礎，以這些興趣團體為基礎，鄉村社區組織及其他較大型的團體與組織也能較容易設立，並會有較佳的功能。

七、服務組織的興起與功能

（一）鄉村因弱勢而興起的服務組織與功能

　　臺灣自工業化及都市化以後，鄉村地區明顯變成弱勢地區，產業相對落後，人民生活相對困苦，因而引起外界熱心進入服務；鄉

村內部也有自力更生自動發起的服務組織。這些服務性的組織都以協助鄉村人民解決問題、改進生活爲主要目的。本節列舉若干重要的鄉村服務組織，並說明其功能。

（二）健康醫療服務組織與功能

鄉村人民因爲工作勞苦、營養衛生條件較差，健康不佳，疾病不少，政府及民間的醫療部門及團隊乃在鄉村地區設立組織，展開服務。重要的醫療衛生或健康組織有固定性的醫院、衛生所及臨時性的巡迴醫療隊等。其中公立及慈善機構所設立的醫療衛生團體，都提供低收費或義務性的服務，照顧鄉村居民的健康。

（三）老人安樂服務組織與功能

都市化以後，鄉村中的年輕人移往都市等外地工作，留下老人住在鄉村。鄉村老人生活起居、疾病照料會有困難，於是政府及民間社會福利與服務團體在鄉村地區設立老人安養院等組織，展開對孤獨失依老人的起居生活服務，服務的方式依老人健康與經濟情況不同而不同，有住院及居家等不同的服務方式，都能使獨居、有疾病或行動不便老人的生活獲得改善。

（四）兒童福利組織與功能

相對於老人安養的服務，鄉村地區也設有兒童福利組織，收容失依的兒童，照顧其教育與生活。此類組織多半由宗教及慈善機關設立，並提供服務。最具體的組織是孤兒院。收容的孤兒有的是父母死亡，有的是父母離異，也有被父母遺棄的。因有這些兒童福利

組織的服務，許多不幸兒童才能獲得較正常的生活與教育，免除失學及挨餓受凍的命運。

（五）貧窮救濟及危機處理的組織與功能

在歷史上救濟鄉村貧窮的組織，有義倉提供窮人食糧，也有義社提供窮人住處。今日的臺灣鄉村也見有政府的社會行政機構或社會福利組織設立救濟基金，且計畫救助窮人，或處理突然災害的受災戶。民間的救濟及危機處理組織有紅十字會、慈濟功德會，或地方寺廟管理委員會等，對於鄉村窮人的救濟會有長期習慣性或臨時緊急性的救助。

（六）社區發展組織與功能

鄉村地區的發展水準相對落後，必須努力發展，求得城鄉發展的平衡。世界各國的政府及民間團體常對鄉村的發展伸出援手，臺灣也包括在內。重要的鄉村發展策略與方法是透過社區組織，推動各種社區發展計畫。臺灣鄉村普遍設立社區管理委員會及社區發展協會等組織，推動各種社區發展事務，效果都甚良好。

八、鄉村組織奠定社會安定的基礎

本章所述有關鄉村社會的各種組織，分別替鄉村的人民克盡各種功能，促進鄉村各方面的進步與發展，也為鄉村及國家社會奠定安全的基礎。

　　今日不少開發中的國家社會動盪不安，都先在鄉村發起動亂；而鄉村的動亂常因民不聊生，缺乏有效的各項組織分擔任務並推動發展。所幸，臺灣的鄉村因有各種團體組織的形成與存在，分別擔負各種任務，減輕與消除鄉村人民的各種社會、經濟、衛生、教育等問題，使鄉村的生活趨於安定，國家與社會也才能平穩安全。

九、鄉村組織的長處足爲都市效法

　　都市的人民需求的式樣與種類比鄉村人民的需求多，都市人民的活動能力也常比鄉村人民的活動力強，因此存在於城市中的社會組織種類與數量常比鄉村組織多。但是都市的生活性質與型態的許多特性，影響都市的組織不如鄉村組織之優良。鄉村組織的許多特性及優點常爲都市組織所不及，故也成爲都市效法的對象。

　　都市生活方式的重要特性包括人口眾多也密集，因而人與人之間彼此陌生，也容易衝突與鬥爭，缺乏誠信，成立組織的份子都是片面的互動，企圖從組織取多給少，將組織當做手段而非目的，因此不少組織缺點重重，弊端叢生。組織爲其份子吞食，組織因不良運作也會陷害其成員或份子。這些都是許多都市組織的缺點與弊端，但在鄉村中的組織卻較少發生。鄉村組織較爲單純且眞實，對成員較能全面照顧，鄉村組織的這些優良特性值得都市組織與居民效法。

參考文獻

蔡宏進，2006，《社會組織原理》，五南圖書出版公司印行。

蔡宏進，2012，《社區原理》（三版四刷），三民書局印行。

蔡宏進，1993，《農業基層組織的原理與實務》，國立臺灣大學
　　農業推廣學系印行。

第八章　公民概念、民主化與和平意識的發展與融合

一、公民概念是政治民主化的基礎

（一）公民的意義

　　公民的英文稱爲Citizen，具有廣義與狹義的兩種定義，前者指所有的國民都稱爲公民，可享有基本人權；而狹義的公民是指到法定年齡的國民，可享有投票權者，才稱爲公民。

　　不論是廣義或狹義的公民都是一國之內的人民，但公民之前也常冠上「世界」兩字，而成爲世界公民，表示在全世界都具有身分、地位與責任的人，以全世界爲生活與互動的範圍，與全世界的人共同努力與奮鬥。

（二）公民是政治民主化的基礎

　　公民的涵義在民主國家才能成立。在獨裁極權國家，人民未能享有基本人權，也未能享有民主政治過程中的選舉等權利，因此都未能稱爲公民。政治學者看公民，是將之視爲政治人（political being），強調公民是一個共同體的政治行動者，扮演政治角色，包括政治參與、重視公共領域的政治行動等。有些政治學家，如伊格納提夫（Michael Ignatiell）將公民觀念分成共和主義的公民觀念，及自由主義的公民觀念。前者較著重政治角度，後者則較著重從經濟角度對公民下定義，但兩者都得在民主社會或國家中探討才有意義。公民也可說是在民主政治下才會成立，說公民是政治民主化的基礎，並不爲過。

二、鄉村人重倫理是公民概念的重要元素

現代公民都具備五大要素，即倫理、民主、科學、媒體及美學，其中倫理可說是第一要素，此種要素涉及價值、義務、角色等方面。現代生活必須要合乎倫理，社會才能安定與進步。

鄉村人民對公民五要素中的民主、科學、媒體及美學等四項也許不如都市人，但在倫理要素方面，因自小就重家訓，被父母長輩要求敬老尊賢、謙讓兄長及照顧弟妹，結婚後夫婦也都少有離異而能白頭偕老，對待他人講究禮節，這些人際關係都是人倫的重要內容。

三、合作行為也是培養公民概念的另一要素

公民的定義固然很強調具有參與政治等公共事務的權利，也應具有為公忘私的思想境界，將自己看成公有之民，大公無私。否則公民若只要求權利，不盡義務，則彼此必然爭鬥，天下大亂。

鄉村人民有多種理由及條件注重互助合作性，要求自己投入公領域，少計較私益，是培養成良好公民的要素。鄉村居民注重互助合作的重要理由有下列多項。

（一）置身天地之間的自然界個人力量渺小

鄉村地方人地比例較小，天寬地闊，個人處在天地之間的自然界，顯得力量渺小，必須與他人互助合作，才能克服生活上的許多

天然限制，獲得較多的安全。

（二）鄉村的資源相對缺乏，必須與他人互通有無

　　鄉村中的多種資源比都市相對缺乏，錢財較為缺乏，農業生產常要等待多時才有收入，因此常會有青黃不接的時候，要向銀行借款又少有價值的擔保品及人際關係或信用，故常在民間以標會或組成信用合作的方式，相互接濟。鄉村居民因為資金不足，許多生產資財設備也不齊全，常以借用方式相互幫助。同樣經由互助合作方式交換運用的資源當為人力，彼此可能支付工資現金，故也養成互相換工的習慣與制度。

（三）等政府公家的力量抵達較為費時困難，鄉民乃發展互助合作自力救濟

　　鄉村居民地處偏遠，發生臨時性的問題與災難時，政府公家救助的力量不易在短時間內抵達，鄉村居民自然發起互助，自力救濟，包括救助天然及人為災難，以及私人的困難。

（四）鄉村居民平日都相互認識，情感濃厚，也願意互助合作

　　互相認識與關愛是互助合作的重要基礎與力量，鄉村人民具有此種人際關係的特性與優點，因此啟動互助合作的機制都較容易。相反地，都市人因為人多複雜，互不相識，關係較為疏遠冷漠，互助合作也較困難。

四、由堅固的家庭、宗親與同鄉晉階公民社會與大同世界

（一）家庭帶領個人連結社會

　　家庭常是最基本的社會單位，此種單位的成員之間關係都很親密堅固。雖然家庭有可能成為隔離廣大的公民社會的防線，但更可能成為與公民社會連結的橋梁。家庭可使成員晉階與公民社會連結的原因，常在於許多社會互動與關係必須以整個家庭參加，家庭之間的連結也帶引家庭中的個體連結外界的社會。

　　家庭帶領個人連結公民社會，也由其他家人引介與連繫。父母因子女而參與學校的家長會，因子女而認識其同學的家長；兒女也因父母的帶領與介紹而認識父母的朋友，將他們稱為伯伯叔叔或伯母阿姨等。因家庭引介個人認識及參與公民社會的機會與力量，遠大於家庭對個人社會關係的阻擾與抵擋。

（二）宗親具有半個大社會關係網絡性能

　　臺灣不僅在鄉村，在都市中也發展出宗親會的關係網絡與組織，進入宗親關係，相當於進入半個大公民社會的境界。宗親關係雖然有部分私情牽連，但要靠更多的正式組織原理與機制，才能持久維繫組織的存在。現代社會的宗親關係雖也常被應用到支持政治選舉的世俗行為，但更常被運用在提供獎學金獎勵後進，以及救濟貧窮的宗親等更具公益性的社會事業。

　　華人社會的宗親會有擴及到全國甚至全世界的廣大範圍，有助人類社會團結增多連接的繩索與力量，使人類增強四海之內皆兄弟

的感覺，因而也可增強世界和平的思維與信念。

（三）同鄉會促進大同世界

　　與宗親會類似性質與功能的社會關係網絡的另一種型態是同鄉會，不少在城市中成立的各地同鄉會，都是由來自鄉村的移民同鄉組織起來的。此種社會網絡也與宗親會同樣具有連結更多人的功能，成為關係密切的群體或組織，有助於社會與世界走向互助合作，和平共存共榮，達成大同世界的境界。

五、互助過程培養大公無私的觀念及和平世界的思維

　　本章第三節述及鄉村注重互助合作的多種理由，致使在鄉村社會醞釀與形成多種互助合作的組織與互動。具體的組織有生產合作社、合作農場、產銷合作社、信用合作社、標會等。較無形或較非正式的合作行為與活動，還有換工團體、插秧隊、包工團等，合作與互助成員都超越家庭或家族的組成份子，甚至也超越村民到包含外村的人在內。

　　合作組織或團隊的成員必須打破個人的私心私欲，與團體及組織的他人同甘苦共存亡，才能使合作關係持久長存。這種思維是培養大公無私、和平世界的氣度與觀念，也使鄉村人民養成好公民的氣質與習慣。

　　互助過程可以養成無私觀念的道理相當必然，真正的互助必定要以他人為對象，心中能有他人，就不至於斤斤計較自我的得失，

以能幫助他人為樂。

六、義務參與勞動孕育團結與和平的精神

　　鄉村社會許多公共事務與建設都經由義務參與勞動而完成，由人民參與義務勞動，在資源缺乏的鄉村就可以不必支付費用也能進行建設。

　　在參與義務勞動的過程中，個人只問付出，不求報償，他人必然願意與能付出的人共事，人人都盡義務，只求付出，凝聚力必強，團結性必高。也因無爭而能促進社會和平，社會氣氛都能融洽愉快，後繼的公共事務與建設都能較容易進行，並順利完成。

七、社會參與的擴大有助培養公民意識及政治民主化

　　鄉村人民在培養公民意識及政治民主化的過程中，經由社會參與是很重要的途徑與方法，其道理可分幾方面加以說明。

（一）社會參與可增進溝通而培養公民意識及政治民主化觀念

　　公民意識表示人對公共事務及政治事務的關切，人在對這些事務未了解之前很難關切，要了解則要經由溝通管道，有效的溝通則可由親自參與其相關的活動而獲得。在參與各種社會性或政治性的公共事務時，有機會對所參與事務多聽多問，甚至是多做。由這

些聽、問與做的過程中便可了解事務本身的意義及性質，也可了解他人的想法。綜合各種訊息，自己可做明智的選擇與決定。不被強迫，也不被矇騙，會有充分的民主性。由此過程也可對相關的他人增多了解與信任，而願意與其共事，將自己投入並變成共事團體的一員。

（二）擴大鄉村人民社會參與，有益政府制定適合民意的政策並增進政治的民主化

鄉村人民在各種社會參與的過程中可表達自己的意願與看法，結合他人的意見與看法。經綜合選擇而制定出合乎眾多民意的決策與計畫，再將此等計畫付諸實施，應也可以為較多的人民造就滿足與幸福，此種施政的過程較具充分的民主化。

缺乏人民參與的政治或行政，常只由政府一廂情願，隨意決策與執行，缺乏民意基礎。不參考人民的想法與意見，所決定與實施的政策常與民意有落差，不為人民所喜歡，成為封閉或獨裁的政策與行政。

（三）由人民參與而能公平分配實行公共事務或行政的責任

各種公共事務或行政事務的實施或推行需要人民的參與，由參與的人按其能力與興趣而分配公平合理的職責，使社會份子能較民主公平並合理參與，從中養成愛護及善待他人的公民概念，並願意配合政府的政策或行政措施，而達成政治民主化的效果。

八、由參與及熱中選擇而學習民主觀念

隨著選舉制度的普及化，鄉村人民參與投票以及助選的興趣及熱度也大為提升，感到也有人樂於投入參選的活動，在熱烈參與政治選舉的過程中逐漸培養出民主的觀念，逐漸脫離專權獨裁的政治壓迫。

選舉是民主政治的重要機制，鄉村人民有權參與選舉，並能實際實踐民主政治行為，除能從選舉過程中學習到民主的觀念以外，還可從其他許多方面獲得。第一，從候選人聽取政見發表。當選舉到了接近決戰的日子，各候選人習慣到各村落社區或小鎮上的大街小巷，當面以口頭發言的方式向鄉村選民訴求其改見，爭取選民的支持。有時政見的發表也會見於電視上的廣告短片或候選人的辯論，也可見其在報紙雜誌等平面媒體上發表。第二，從選舉公報上扼要列舉的候選人政見而獲知。第三由助選員代為傳遞重要政見或承諾。

每次選舉從不同政治立場與黨派的候選人所發表的政見都甚為複雜多元，有較保守者，有較激進者，有保護政府者，也有反對政府者。自從戒嚴後期以來，在各種選舉中必有較勇敢的候選人站在反對的立場，批評政府的錯誤與不當作為，常能給選民很大的震撼與教育，從中感染與體會民主的意義。到了民主化程度愈高的時代，站在政府反對面的候選人愈多，言論尺度也愈開放，鄉村選民感受到的民主意識也愈豐富。

九、由政治民主到社會民主

臺灣的政治民主化是以有利的制度化在實施，男女老少都有機會享有聽政見、投票或參選，人民普遍都能了解並熟悉。這種民主化逐漸影響人民在其他社會生活的許多方面，社會民主化可從幾個重要方面見之。

（一）男女平權的趨勢

過去在很長的封建傳統時代，臺灣是屬於男權社會。自從受政治民主化的影響，先由受高等教育的女性組成婦女團體爭取女權，要求男女平等。爭取女權，先是在政治職位上要求婦女保障名額，而後也逐漸擴大到家庭中男女平權，包括女兒有繼承權、夫婦平權、婦女受教育，以及到家庭外就職普遍等演變。不少強勢的婦女，權力甚至有高過男性之勢。

臺灣婦女爭取女權的運動約起於一九七〇年代末一九八〇年代初，在政治上反對婦女保障名額，要求修改法律消除性別歧視，要求政治方法保護或挑戰弱勢婦女的各種權益，包括生育權、墮胎權、受教育權、反家庭暴力、給婦女產假、薪資平等、選舉權、代表權、反對性騷擾、性別歧視、性暴力等。

在女權運動高張的情形下，臺灣社會也設立存在多種婦女團體，較著名的包括婦女會、婦聯會、婦女協會、晚晴協會、婦女產業協會、女性權益促進會、單親網路補給站、婦女發展協會、多元家庭關愛協會、婦女新知等等。這些團體的共同目標都是為弱勢婦女爭取權益，對於提升臺灣的女權，都具有可觀的貢獻，也都發揮

可觀的作用與效果。

有關男女平權的運動在鄉村地區較少有議題，因爲鄉村地區較爲封閉，訊息較不靈通，若有發生問題也較少對外透露，若一旦爲外界所知，也能獲得外部婦運團體及婦權人士或機關的注意與援助。有些鄉村地區婦女弱勢問題特別嚴重，反而能引起外界媒體及關懷人士的注意與關切，對於提升婦女權益的影響與作用反而更不尋常，更爲突出重要。

（二）世代之間的平權與民主化

臺灣社會民主化除發生在性別之間，也發生在世代之間。過去保守封建的時代，父權至上，兒女聽命於父母，尤其是父命；但自從社會變爲較開放與進步以後，子女的教育程度普遍比父母高，職業與收入也都可能比較好，其地位也往往凌駕在父母之上，父母依賴子女比子女依賴父母的成分多。當父母者往往有自知之明，自動降格，少對兒女發號施令，反而變成唯兒女之命是從。如今普天之下已少存在下一代聽令上一代的情形，父母與子女平權的家庭甚爲普遍常見，都市如此，鄉村亦然。父母愈是貧窮者對子女愈爲依重，子女的地位也相對愈爲高漲，許多家庭的重大主意與決策反而都以受較高教育的兒女的意見爲意見。

十、鄉村人民的和氣特性有助和平社會的形成

雖然許多有關人的特性及社會事項的性質，不宜用鄉村與城市

對立的方法加以分析與說明，但兩地的地理與人文歷史背景條件都有可能導致兩地的人在性質上會有差異。其中鄉村的人普遍較爲和氣並非無跡可循，或是無稽之談。鄉村的人待人較爲和氣，可從幾個方面觀察且明顯可見。

（一）鄉村人對陌生人少懷疑卻多同情

許多都市人對陌生人都心存懷疑，不予理會，擔心受騙。但鄉村的人卻較少懷疑，通常都能以善意對待，並帶幾分同情給予接待。此與較少有陌生的外人前往鄉村地區有關，若有，一定會有較正當的理由。

騙子在都市行騙之後很容易溜走消失，但到鄉村不能很快偷溜，故要行騙的人很少到鄉村，因爲較難掩護。鄉村人也較少有高價之物可被騙取，不得不下鄉者也少能行騙成功。鄉村的人知此道理甚明，因而少對陌生人存有戒心與恐懼。將陌生人當成善良之人，看其辛苦步行或遠道而來，也都會給予同情。

（二）鄉村的人相互認識熟悉，必須以禮節和氣相待

鄉村的人歷代世居原地，彼此互相熟悉認識，必須也必然會以禮節和氣相待，否則會爲人所不恥，唯有以禮待人才對得起熟悉之人。人人以禮相待，和氣往來，則鄉村社會必和氣太平。

（三）鄉村中物物平實，事事平凡，少有珍奇寶物值得眾人搶奪

鄉村地方較有價值之物爲土地、房屋及土地上的農作物，土

地、住屋及農作物都很固定,不能移動,少有人能偷竊搬運,少人會搶奪獵取,故也少有爭鬥。人人都以安和樂利為貴,少作非分之想,對他人的財產名望少有妒忌或懷有歹念,故人人都能安居樂業與世無爭,社會呈現一片祥和安靜。

鄉村居民的和平特性擴散的結果,也能感染全社會全國家的人安於本分,和平相處,也有利天下太平,少有紛爭。

十一、公民概念、民主化與和平意識的融合與成熟

本章前面述及臺灣鄉村社會的公民概念、民主化與和平意識的發展。這三項可貴的鄉民心理與價值具有密切的關聯性,因而能相互融合且成熟,對於國家與社會的進步與發展有可觀的影響與貢獻。本章在最後再扼要述及三種觀念與意識的關聯與融合要點,並且確認臺灣鄉村社會對此三項寶貴心理價值的融合性,以及朝向成熟的路程發展情形。

(一)公民的概念與行為決定政治民主化

依照法律的規定,國民要到法定年齡合乎公民的資格才能行使選舉等各種政權,也才有能力推動政治民主化。如果社會未有公民權,民主政治也就無法實現。

(二)民主政治體制造就公民的角色並達成公民的使命

公民的角色與使命都在民主體制中才能有意義行使與表現。缺

乏民主化的政治，政治權力掌控在獨裁者手中，一般老百姓無機會與權力行使公民權。所幸臺灣鄉村自實施民主政治體制以後，居民也能享有較充分的公民權，可扮演公民的角色，並能克盡公民的職務。

（三）民主政治促使社會和平

國家政治民主化對社會安定與和平的作用甚大，缺乏民主的政治環境，社會與國家很容易陷入爭鬥紛亂的局面，人民無法安居樂業，社會上人人難能和平安寧。因有民主政治，人民才能比較安居樂業，社會也才能較和平運作。

（四）和平社會有助民主政治體制與寶貴的公民意識正常發展

社會和平安定是社會中的政治經濟文化等事務能正常發展與運作的溫床，缺乏和平的社會基礎，政治很難民主化，公民制度也難正常運作與發展。因此公民概念、民主化與和平意識等三個變項，密切關聯，相互結合。近來在臺灣的鄉村，此三項要素明顯成長中，並漸成熟，也為國家與社會的進步與發展奠定良好的基礎。

參考文獻

陳敦源，2012，《民主治理：公共行政與民主政治的制度性調和》，五南書局印行。

顧忠華，2013，《公民社會》，問學出版社印行。

呂亞力，2009，《政治學》，三民書局印行。

第九章　傳遞道德文化

一、問道於鄉野

政府的經濟統計資料載明農民所得偏低，約僅爲非農民的百分之六、七十。鄉村的實質建設與物質生活也相對落後，但是鄉村人民相對較注重道德的價值與觀念卻較少有正式的統計與紀錄。自古有禮失求諸野之說，大致上我們可以相信在鄉野的農村會存有較多可貴的道德。想要聽看可貴的道德事蹟，可到鄉村尋求，向鄉村人民請益。

鄉村人民會努力保存道德，與其生活背景與習慣有密切的關係。多數的鄉村人民主要生計是務農，務農的生活單純簡樸，也仰賴天地，故較不敢違背天理，也不敢違反道德。視道德爲至尊，不敢不重視與遵守。

鄉村中並非所有的人都是道德專家，但大約人人都具有道德的基本概念與水準，在鄉村生活中，多數人都會虔誠認眞履行與表現道德行爲，也可做爲不少都市人的道德模範。忽略道德或道德觀念已有改變的都市人，要學習與模仿德行，可從鄉村人民身上學到不少。

道德的最主要意義是指善良的心理與行爲，是人類社會的普世價值，人人需要具備與遵守，違反者必受他人唾棄，且會受到規範與制裁。有關合乎善良的道德心理與行爲包含的面向很多，從待人接物、治學處世、與萬物的關係，以及與社會國家的權責等，都有道德標準可循，當爲人類正常也是善良行爲的依據，違反者即爲不道德、不合乎規範。道德標準常成爲人類生活習慣，故也成爲重要的人類文化。道德行爲的面向很多，本章關切的鄉村居民所具有的

道德價值與行為，是從中選擇與鄉村的生活背景及條件較有密切關係所衍生的標準，並未涵蓋人類道德的全部。也許與不同社會所認定的道德意義與標準不同。

二、百善孝為先

孝道是中國傳統文化所提倡的首要美德，臺灣鄉村人民也以此項道德為百善之先。孝道的要義在強調兒女對父母的尊重，將之當做穩定的倫常。此種道德觀念與價值，為儒家思想所倡導，成為家庭倫理的核心。儒家對於孝道的論述非常廣泛且周密，包括愛惜自己的身體髮膚、回報父母養育之恩、揚名聲彰顯父母的功德、不與父母爭論、對父母和顏悅色、在父母面前對兄弟姊妹表示友愛、使父母老有所養、生兒育女傳宗接代。身為帝王者也常以孝道治天下，起用孝子當大臣。四書大學中的八目即格物、致知、誠意、正心、修身、齊家、治國、平天下，也將齊家當做治國平天下的重要方法或過程，而家齊則包括事親至孝，以孝道教化為始，而收治國平天下的目標。

中國歷史上為了發揚孝道曾流傳二十四孝的故事，平民百姓以這些故事當做行為模範與榜樣，國君皇帝則以這些故事教化百姓，希望百姓由盡孝轉化成至忠，終能使國治且天下太平。

臺灣鄉村人民生活相對單純，對於傳統孝道遵行不棄，兒女對父母都能盡孝。鄉村中的老人在天年之前居家受兒女照護者相對較多，不像城市中兒女比較傾向將老父母送專業照護的安養中心。鄉村中的家庭也較少聽聞不聽父母教訓的叛逆兒女，都與其較儉樸但

穩固的家庭及社會生活有關。

　　今日臺灣鄉村家庭中普遍都供奉祖先的遺像與靈位，在農宅大廳中擺設神桌佛像，這些宗教信仰的象徵圖騰也都在提醒活著的後代子孫要重視孝道，在祖先的忌日不要忘記祭典，將這些對死去祖先的孝行也當做修心養性的重要標準法則，以此孝道傳遞子孫、歷代不絕，也以此種孝道綿延家庭的香火，不可輕易遺忘祖先源頭。但此種紀念祖先的孝行，在都市人的心目中就較不重視。

三、敬老尊賢

　　與百善孝為先的道德觀念相近的一項道德行為是敬老尊賢。國人敬老尊賢的行為與舉動有許多的表示，從非正式的讓座給年老者、宴席上讓年長的老者坐大位、子女為老人慶生、尊重老人擔任會議主席、首先發言、先對新上桌的菜動筷；在較正式的方面包括老人乘車半價或免費、看戲半價、參觀公立博物館美術館免費，以及可領取老人津貼或年金、免繳健保費、設置老人活動中心等。以上是社會上及政府公部門尊敬老人的一般情形。

　　鄉村家庭及社會尊敬老人的日常行為還常見視老人為一家之長，掌控家庭財政大權、主持家庭大事的決策與行動計畫、對外代表家庭。老人也常被村中聘請為決策各種公共事務的重要代表或顧問，村人若有對老人不敬者，會被指責大逆不道，受人不恥與排斥。近來有些家庭的年輕人自以為比老人會賺錢，比老人見多世面，而自以為比老人地位重要，但這種行為並不被村人認同，常會受到輕視與責備。

　　鄉村的人對於賢者也很尊敬，不善妒忌，尊敬賢者的聰明才智，也心甘情願認同其占居大位，享有權力。位高又人賢者也常被鄉村庶民敦請主持公務。多半的尊賢者年紀也較一般人大，所以敬老尊賢常結合成一體。

四、注重情義

　　「情義」常被鄉村人民視爲重要道德標準之一，這是針對親人及朋友的一種感情關係，重情惜情，也重義氣。鄰家親人有難相扶持，這種注重情義的道德甚受民間故事的感染與影響。歷史上三國時代的劉備、關公及張飛三位結拜兄弟，發誓但願同日死的道義情深，如同神話信條，深印在鄉下人心中，以同樣的心理態度對待知己好友。鄉村的人，尤其是學習武術的，也常有與知己好友結拜成兄弟，發誓一生相互幫助，相互扶持，有事一定兩肋插刀，相挺到底，有時難免盲目。但是這種注重情義的情操確實是難得的美德，備受重視，並加實踐。

　　重情義的鄉下人也常表現在患難夫妻之間，無論如何貧窮共難，都相互不離不棄。這種男女之間的感情融和了愛情與義氣，也甚受人尊敬與珍惜。

　　情義被鄉下人認爲是重要價值，相關的故事很受鄉下人歡迎，不論是舞臺戲中的故事，或電視劇中有關情義內容者，鄉村的農夫農婦都很愛看，也都深受感動與啓發，並加效法並反應在日常對待親朋好友生活中。鄉下人雖然較窮，但有情有義卻是可取高貴的。鄉村的人也因爲普遍辛苦勤勞，較不習慣也缺乏條件爭取身外之

物，相對比較珍惜待人的情義。

五、遵守誠信

　　誠信指為人誠實與信用，是個人的性格與價值取向的一種。有誠信的人常表現在日常生活上，依照約定行為，在交易上也能童叟無欺，照約行事。在契約內坦坦蕩蕩，不暗藏啃人、害人的玄機。有誠信的人在性格上的特質都很正直，能尊敬他人、遵守規矩，並具有社會公德心。

　　鄉村的人普遍不善奸詐，都很誠實信用，若有不遵守誠信行為者，很難在社區中立足生存。過去常見農人在農作物青黃不接的時候，手頭緊，缺乏現金，常會向小店賒帳，店家將欠帳記在牆壁上，到收成時農民一定如數奉還，不會無信，否則往後要再賒帳就有困難。

　　鄉村的人遵守誠信，因歷代久居在社區中，全社區都是熟人，不遵守誠信會被隔離，往後就很難做人，因此大家不會因小失大。因為平時都不做大買賣，故少有向他人借大錢，若只欠他人小錢，卻無信不還，被人唾棄，實在得不償失。

　　鄉村的人對於少數缺乏誠信的人都會相互傳遞消息，使缺乏誠信者無藏身躲避之處，因而村人都不敢輕易冒犯缺乏誠信的禁忌，老老實實做人，留個良好名聲，不使自己及後代兒孫不好做人。

六、安分守己

　　守分守己是指堅守本分，不犯錯，不誇張，不虛浮，有幾分力量做幾分事，沒本事就不敢亂吹牛。鄉村的人必得安分守己，不使名過其實；事實上也少有可使名過其實的機會，因為腳底幾根毛，全社區的人都知道得很清楚，誇張不安分實也無人能信。

　　鄉村人安分守己也因害怕如果不安分、不守規矩會受到懲罰，包括害怕受到輿論的批評及法律的制裁。受到輿論的批評，面子很難看，內心也會很難過。受到法律的制裁，則要花錢消災，錢又花不起，花了錢也不見得有效，因此萬全之策是安分守己，乖乖做人，不使犯錯。

　　安分守己的人必要量力而為，也必須腳踏實地，不為非作歹。多半的鄉村人都能辦到，因為少有非分之想，也少有使壞的必要與膽量，安安分分，訴求平安過日子。鄉村平民百姓的生活哲學常是只求平安，不奢望添福壽，也就是只求安分過日子，不作非分之想，不敢有投機越軌的舉動。

　　安分的種田人，要老老實實勤於耕種。管理家務的人也得勤於洗衣、燒飯，照顧一家大小及家禽家畜。做小生意的人也得天天上工，不懶惰，也不投機。

七、貧窮見節志

　　不少鄉村的人都屬低收入階層，除了田中的農作物可賣錢之

外，少有其他收入，與城市中上階級的人比較，幾乎都要落入貧窮族群與階級。所幸貧窮的鄉村人都能安貧樂道，少有不安分的思想。能安於貧，就有節制，不會奢侈，也不會強求，更不會有非分之想，不貪圖榮華富貴，也就不會做出傷害朋友與天理及對不起良心的事。不像有些嬌生慣養的人，貪得無厭，不甘貧困，以致因為貪圖寶貴生活而出賣自己靈魂，做出偷雞摸狗的壞事。

安於貧窮的人，有節氣也有尊嚴，不輕易受人施捨，也不貪取不義之財，比起貪汙的高位官吏，比發橫財致富的奸商富人，更有高貴的情操與志氣。

在窮鄉僻壤的地方，少有富有的慈善家會光臨，因此鄉村的窮人較少能獲得外人的接濟，養成其必須自力更生，自謀生路，靠自己努力賺錢存錢改善生活。許多鄉村苦命的窮小孩，自小就自立更生，奮發圖強，不少人後來都能出人頭地，自強不息，成為社會的模範、國家的棟梁。

鄉村的窮人子弟中有志氣者自小努力讀書，學習技藝，希望靠著身上的才藝能出人頭地改善生活。其中有人成功成名，有人發財致富，都為家庭及故鄉爭得榮耀。也有些有志氣的出外人，回鄉捐助錢財，建設地方，更會傳為美談。這種願意犧牲奉獻、捐款助人者，在城市地方就較不突出，若有動機，則與從鄉村出身的人樂意無條件知恩圖報原鄉的動機與志氣也不甚相同。

八、自然樸實與厚道的重農法則與價值觀

鄉村人的生計以農業為主，農業生活容易培養出自然、厚道與

樸實的人生法則與觀念。這種法則與觀念可說是由重農主義與哲學衍生而來。本人在退休前寫了一副對聯製成書籤，贈予門生，故有題爲「讀農業農民農村」「記自然厚道樸實」。以農業對自然，農民對厚道，農村對樸實爲中心樂趣。臺灣的鄉村與農村的範圍性質相近，農村是農民生產與生活的地方，也是農業的分布地帶，農民是農業的經營者，也是農村的主人，農業則是農民與農村的主要產業，也是日常生計的主要活動內容，農業、農民、農村三位一體，分割不開。

農業配對自然是自古以來不變的法則，農作物的成長依靠自然的陽光行光合作用、吸收降雨的水分，以及靠空氣中的微風傳播花粉，藉以開花結果收成。自然條件不良，農作物就無法成長結實，甚至被毀滅。每日經營農業的農民靠天吃飯，崇敬自然力量，不敢違背天理，做人實實在在純潔善良，也因缺乏誇耀條件而不能也不敢虛矯，必須腳踏實地，調整做事與爲人。每日面對四周都很熟悉的親朋好友與同村的族人鄰居，必須寬厚誠實相待，不能刻薄虛僞，否則會爲人所不齒，也可能得到不良的回報。性格厚道的農民所形成的農村社會普遍都很樸實，一來農村中農民的經濟條件並不寬裕，生活方式必須節衣縮食，生活型態必須樸實無華，否則難以支付。過度奢侈，無法支應，也不爲他人所贊同，故人人都要節制，過樸實的生活。農村中的農業產業必須要實在經營，不能有揠苗助長的不實舉動，否則不但無助收成，反而會造成欠收。在農村社會，人人待人接物都要誠實，很難騙人，騙人不易成功，也不能持久。

上述的自然、厚道樸實的農業、農民與農村生活法則都很富道德性。從事農業與住在農村的農民不需刻意去追求，在日常生活

中，自然運作與活動，便可自然符合道德的準則。

九、頭上三尺有神明

　　鄉村的人民普遍信仰神明，也崇拜神明，認為神明就在每人頭上，監視人人的一舉一動，不可有差錯，否則會受到懲罰與制裁。這種信仰與觀念是鄉村居民最佳的內在控制機制。此種內控機制愈有力量，行為就不易失控，也就少有外控力量干預的必要。鄉村人民的內控效果因有信仰神明力量的約制，故行為上較少犯錯與罪過，也少有興訟的法律案件，很少聽到有人因犯法而坐牢等事故。人民是道德性高的群體，鄉村社會是有道德性的結合體。

　　臺灣鄉村民間信仰的神明普遍都是歷史上的英雄善士，以及民間故事中有情有義的人物，以其高尚的道德行為服膺信徒，使信徒瞻仰與效法其德行與義行，最低標準不能違背神的旨意與精神。信神者會當做有神的存在，神明時時刻刻都在監督自己的行為，因而自己也不敢冒昧違規行事。

　　近來臺灣鄉村地區信仰的神明也有來自西洋外邦的基督、天主等外來神明，其教義的細節與本土道教或自印度傳入的佛教的教義與宗旨可能不同，但其引導人遵守道德紀律、履行善事的原則則甚一致。信奉天主耶穌等外來宗教的信徒，也相信頭上三尺有神明，時時刻刻在監視自己的行為，行為符合道德會受神的保佑，不符合道德則會受神的處罰。宗教信仰的基本宗旨都在勸人為善，使行為合乎道德規範。

十、有難同當有樂同享

　　鄉村社區相對於都市社區，居民的認同感與一致性都較高，也有較強烈的共同體意識，因此也較容易產生有難同當、有樂同享與助人為樂的博愛精神。鄉村的人容易與他人產生擔當苦難、相互扶助、助人為樂的情感，由幾個原因造成：

　　（一）居住在同社區內的人，長久居住在一起，相互認識，彼此都有較濃厚的感情，因此自然樂意相互扶持，共同面對困難，解決困難，也樂意分享快樂，並且幫助他人得到快樂。

　　（二）鄉村的人居住在同一地區上，同處在相同環境中，遭遇的災難可能在同時間發生，造成有難同當的共同意識，以及共同解救災害的共同行動，例如共同保護堤防、共同消除災害、共同建造公共設施、共同防禦敵人等。

　　（三）鄉村的社區人力與財力單薄，許多災難不容易以個人或個別的家庭力量克服，需要多數人或家庭乃至包括全社區的人與家庭共同出力才能解除，許多情景與幸福也同樣需要許多人共同出力出錢才能創造。

　　（四）鄉村住處孤立，許多公共事務較少能得到外界的注意與援助，必須要靠社區內部自助自救，乃孕育社區居民容易團結，共同合作，克服困難，創造建設。

　　（五）鄉村中相對較多貧窮、困難、無依之人，需要他人的救助，很可能得到其鄰居、親戚、族人及朋友的幫助，並獲得解決困難增加快樂的效果。

　　與人同當困難、助人增長快樂，都是很重要的善行，也是很有

意義的道德，鄉村的人樂於學習與實踐，幫助他人解難與得到快樂的人，也很自然容易獲得回報。鄉村社區的人都能與人同擔苦難，並且助人獲得快樂，全鄉村社區與社會，也是具有高水準的道德社區與社會。

十一、效法古訓

自古以來許多符合道德的遺訓累積很多，這些合乎道德的古訓經由書籍、歷史、故事、宗教、小說、戲劇、歌謠、節慶活動等而流傳後世。臺灣鄉村社會承受這種道德古訓為數不少，重要內容涵蓋在本書第二章所述的孝道、第三章所述對故居鄉土的關懷、第八章所述的互助合作行為，以及本章前面所述的各種道德文化，都自古就為先人所遵行。許多古訓上的道德行為標準至今仍具有不變的重要社會價值。

在中國明代曾有一位佚名人士著一篇彙集許多古訓的文章，稱為「古訓增廣賢文」，彙集儒、佛、道各家重要思想與理念，以及民間諺語，內容反映中國古代的百姓生活心理。此文原本全長約三、四百句，流行民間，教誨天下百姓循循善誘，深入人民內心，使人民的思想行為合乎道德規範。此文內容曾被吸收到臺灣布袋戲雲州大儒俠的劇本中，成為臺灣人民包括鄉村中務農的農民普遍都愛不釋手的古訓，許多鄉村人民對許多有趣的古訓都能朗朗上口，所受影響至廣且深，耐人尋味，此文內容也常使鄉村人民奉為智慧寶典，也是道德寶鑑，歷久遵行效法。

十二、積善傳家

　　積善意指積累善行，是一種很根本性的道德概念。在中國文化體系下，行善是重要的家訓，善良人家都以積善訓示子孫，並要求子孫遵行。因此許多古時的可貴語言都發自此一古訓，以此古訓所建造而成，口傳者有「積善之家（必）有餘慶」，在鄉村人民過農曆年時，大門上張貼的紅色對聯就常出現這一句。此外很相近的詞句，還有「修陰功積美德」等。社會上也有不少以「積善」立名的組織、機構、建築或活動，共有「積善館」、「積善樓」、「積善公園」、「積善之方」、「積善之家」、「積善協會」等。

　　鄉下人以「積善」做爲家訓，涵義深遠，行善是善行的動詞，模式與內容有很多種，原則也有很多條，鄉下人以積善傳家，也必須了解以這些行善的原則與行爲模式訓示與傳遞給子孫後代。許多倫理原則也常是重要的行善原則。重要的倫理原則至少有四要項，即：(一)尊重自主；(二)不傷害；(三)行善；(四)正義等。其中行善的原則是強調要關心並致力提升他人的福祉。社會工作倫理洋洋大觀共有十八條，而重要的倫理原則包括尊重、關懷、正義、堅毅、廉潔、守法、專業。每條倫理及各項倫理原則都至爲良善，也都是可供一般人感念效法並傳家。

　　許多鄉村家庭以積善傳家，都相信積善之家必有餘慶，也就是相信行善人家必有多的吉慶。相反的，作惡的人家則會多有禍殃。因爲善有善報，惡有惡報。如果善無善報，惡無惡報，是時候未到，而不是不報。這種報應原理出自佛教思想，但也是一種常理。在人的思想中存有這種觀念就不能求僥倖，也就不能投機，都是很重要的行爲準則，以此傳家也甚具意義，也甚重要。

十三、家規國法

　　善良的鄉村人民都很遵守家規與國法，也以遵守家規國法當做道德行為的重要指標。不同的家庭家規的要點會有不同，但團結的內容則甚一致，不會因為個人與家庭而有不同的規定與標準。

　　鄉村的人遵行家規與國法大致都能合乎道德，但並不保證絕對正確，有些惡行的家庭可能訂出不合情理的家規，若家庭份子死性不改，死抱不放，也形同作惡。在帝王及專制的國家，許多國法都以統治者的利益為目標而制定，也不利益一般的人民大眾。人民如果也堅守不違，也會助紂為虐，自己也不得好報。這種愚孝愚忠的行為，在道德上都有問題，但是家要和諧，國要和平，也需要家人遵行家規，國人遵行國法。所幸鄉村家庭少有惡劣者，故也少有惡劣的家規。但一般國民都要遵行的國法，則有必要在十足民主制度下制定者才較能合乎理性與道德。

參考文獻

中華民國宣揚道德協進會網頁，2014。

陳秉璋、陳信木，1998，《道德社會學》，桂冠圖書股份有限公司印行。

蔡宏進，2014，《臺灣農村與社會建設的探討》，〈社會道德的淪喪與教育推動〉，唐山出版社，194-207頁。

Hall, T., 1993. Ethics and Sociology of Morals.

第十章　淨化願望穩定人心

一、鄉村人民的心理特質

（一）桃花源記中與世隔絕的心理特徵

在中國古代社會，鄉村人民的心理特徵當以陶淵明的桃花源記最爲人所熟知，也最具代表性。鄉村的人有如生活在桃花源中，生活其中的人有如住在與世隔絕的仙境，工作生活自由自在，社會關係融洽，人們不問外界世事，心裡滿足，自得其樂。在當前的時代，以分布居住在山村的原住民或少數民族的生活方式與心理，與桃花源記中所述者最爲相近。

（二）鄉村人民的心理以農民心理爲主流

鄉村的居民以農民最爲多數，故鄉村人的心理特徵也以農民心理爲主流。以往臺灣有關農民與鄉村的研究較多著重在社會經濟方面，有關農民心理的研究報告不多，但當社會進入工業化與都市化的過程中，農民經濟收入水準偏低，遷居都市等地打工，改變職業的動機頻頻，在心理上分成許多特性，這種農民心理特徵在當前的中國也明顯出現。中臺兩地的農民在工業化與都市化過程中變爲工人，在心理上都出現不少問題，可簡要歸納列舉如下：包括因經濟與社會地位偏低而自卑、焦慮、煩躁、壓抑、人格邊際化、被剝奪感、排斥與不認同主流社會，流落在都市失意的農村青年表現自暴自棄、缺乏自信、叛逆、偏激、脆弱，留鄉的老人則感到孤獨無依與苦悶等。上列這些心理特徵都很負面。

（三）鄉村人口心理上正面的特性及啓示

由於住在鄉村地區的人民，在環境條件上、工作生活方式上與都市社會的居民不同，乃孕育出一些城市居民較缺乏的心理特性。當全國多數人口集中都市從事工商服務業工作時，鄉村人民的心理特性卻也有格外可貴之處，足以喚醒都市人口，包括已遷居到都市的鄉下人，可效法與修正許多心理問題與毛病，回歸到比較正常健康的心理境界。本章特指鄉村人民較能淨化心理的特性，論述其狀況與因果，以及其帶動穩定全社會人心的重要角色與功能。

二、淨心與定心的要義

淨心的簡要意義是心理清淨，沒有干擾，沒有牽掛。人的心理型態有很多種，非常複雜，淨心是一種難得的心理狀態。此一詞語具有濃厚的宗教觀。佛教思想中有《淨心誡觀法》一書，共有三十篇，闡釋淨心思想，主要內容有下列幾點：(一)從因果善報上說淨心；(二)心理清淨與否對行爲後果會有業報；(三)不貪財色才能淨心；(四)從實踐治貪嗔癡而淨心；(五)從持戒包括斷財色、不貪富貴、修善法等得淨心；(六)從修行而淨心；(七)不貪享受、少欲知足而淨心；(八)從辨善惡而淨心；(九)從利他而淨心。就淨心的現代意義與功能看，重要者有三點：(一)有助個人淨化心靈；(二)有助道德建設；(三)有助社會和諧及世界健康發展。

定心的簡要意義是安定的人心，也具有穩定人心的意思。這也是佛心的一種，與淨心、悟心、明心、契心同爲重要佛心。

三、儉樸生活獲得淨心

（一）儉樸生活戒除許多欲望

鄉村的生活一般都很儉樸，一來少有多餘的錢財可奢侈浪費，二來有錢，也少有可以奢侈耗費的地方。一般的農民生活都得量入為出，以少有的收入分配在許多生活消費上，每方面的生活都需要很節儉，生活也只能很樸實的過。必須要克制，甚至戒除許多欲望。

（二）由戒欲而淨心

要合乎儉樸生活必須戒除許多欲望，依佛家淨心戒觀法的說法，戒除欲望不貪享受，能容易知足就可淨心。淨心者內心無牽無掛，也得真正心安快樂，亦即淨心趣真。

（三）儉樸生活的實踐

鄉村的人比都市人較易實踐儉樸生活，這種生活首先要對用物的克制，有兩個重要原則，第一是不擁有或占有不需要之物，第二是物品用到不能用為止。鄉村的人容易實踐到這種儉樸的地步，因為其經濟能力較有限制，不得不珍惜物品，不隨便丟棄不用，也較無能力擁有或占有。要能做到這種不使擁有的物質過多的地步，則要時時提高警覺，不能有太多或太高的物質欲望。

四、吃齋念佛淨化心靈

（一）誰是吃齋念佛的族群？

　　鄉村人民當中吃齋念佛者為數不少，尤以婦女更多。鄉村人民中吃齋念佛者通常也拜佛像讀佛經，吃的齋飯都是素菜。吃齋念佛的型態有兩種，一種是在寺廟、尼庵或齋堂，專職全天候吃齋念佛的模式；另一種是在家中每逢農曆初一十五的一種半吃齋念佛的模式。前者主要是專業的僧與尼，或和尚與尼姑。後一種是一般平民，居住在鄉村中的平民幾乎都為農民。前者長年居住並生活在廟宇或尼庵中，後者則住在家中，正常工作與過生活的教徒或參與靈修之人。

　　吃齋念佛的內涵名有六項，齋有六種，吃法也有六種。六齋是色、聲、香、味、觸、法。六種吃法是耳吃、眼吃、鼻吃、舌吃、身念、意念。佛教徒吃的齋飯都是素食，不吃酒肉、蔥、韭、蒜等。

（二）念佛拜佛的意義

　　念佛者要信任佛的存在，相信佛會帶領人到西方極樂淨土，念時要專心認真，才能有成就。念佛者也要拜佛。拜佛時要卑躬屈膝跪倒在地，表示恭敬懺悔，消除自己傲慢，找回自己的謙卑。

　　經過吃齋的人，物質欲望降低，行為受到節制。經過念佛拜佛，人變成謙卑有禮，心靈淨化，道德提高。本身吃齋念佛的鄉下人可直接體會這種佛法的意義，鍛鍊此種修練道行的功力與效果，也間接影響周圍的家人與親友感受這種內心信仰與淨化的過程與效果。

五、鄉下人清心寡欲的德性

一般的鄉下人即使不經過吃齋念佛，也都具有較濃厚的清心寡欲德性，主要是環境及生活習慣使然。將兩種要素的影響分析於後。

（一）環境因素的影響

鄉村所處的自然區位環境都很平淡無奇，地上地下並無特別寶物，土地可以生產農作物，但要很努力栽培才有收成。農作物生長的速度徐徐緩慢，故農民很難一夕致富，多半勞苦終年，僅能溫飽，致使其不得不節儉需求，減低欲望，使心靈清淡。

鄉下人的生活也習慣清心寡欲，農業的工作與生活接觸泥土大地，少與他人計較與糾葛，因此少有煩人的事。農業收入偏低，也由不得人奢侈消費，不得不削減各種消耗物品的種類與數量，尤其不能消耗價錢昂貴的物品。在鄉村社會中，大致上每人的生活哲學與習慣都是這種類型，因此也不致於因為生活水準比不上他人而難過或懊惱，心情不至於不輕鬆不平安。

清心寡欲的鄉下人欲望水準相對較低，食不大魚大肉，有自己生產的蔬菜就行。住不求豪宅，可擋風避雨即可。行不求有汽車，有腳踏車或摩托車代步足也。需求水準不高故也較容易滿足。人生難與他人比高下，自己能滿足，心裡就舒坦，也就無遺憾。

鄉村的人少作投資理財，少遇到虧損的煩惱。鄉村的人少與他人一起經營事業，少有被騙或被拖累的風險，也較少有不順心的心理負擔。鄉村的人少有遠大目標，不致因為達不到目標而洩氣與

怨嘆，也就較少煩惱。其生活的習慣是日出而作，日落而息，因為白天工作運動勞累，晚上好睡，明日醒來，又是忙碌卻也快樂的一天。

六、修心與養性

鄉村中虔誠信佛的人由吃齋念佛求得修心養性，不吃齋不念佛的人修心養性的方法，則得自幾種其他途徑。

（一）由古書中學得奧祕

鄉村中較老一輩的人有可能受過私塾教育，學會讀古代聖賢遺留的書籍，以四書五經最為典型。從讀聽古書經典中的為人處事的道理，可獲得修心養性的效果。

（二）從接受現代學校教育留下深刻的印象

近來鄉村中男女受教育的情形較為普及，雖然多數的人教育程度相對不高，但經過學校教育的洗禮，對於做人的基本道理都有所獲，也都能留下深刻印象，普遍應用到畢業後的日常生活上。

（三）從媒體上得到訊息與標準

臺灣大眾傳播媒體發達，無線及有線電視都很普及，都市人能接觸到的電視節目鄉村的人也都能接收到。報紙媒體也都能快速傳達到鄉村地區，只是鄉村的人閱報率相對較低。鄉村的人經由媒體

傳播新聞事件，以及娛樂節目等，都有機會學習做人做事的知識與道理，也都可能獲得修心養性的機會。

（四）從日常與他人言談交往過程而學得

許多做人處事的是非標準與道理可從與他人言談交往過程中得到領悟，人若有心提升修心養性的水準，仔細觀察與體會日常與他人互動過程，就可得到許多寶貴的經驗與心得。

個人修心養性可以自學，也可向他人學習。只要有心學，有心修，無處不可得。有良知的鄉村人多半都能注意修心養性的機會，也能努力修學，因此鄉村的人也相對較多是善良之人，較少有心黑的惡人。

七、服從為負責之本

一般鄉村的人服從性都較高，與其性情謙卑有關。而謙卑之心則起於善良的本性及孤立環境所形成，故有孤陋寡聞的缺陷。服從的德性與行為表現在子女服從父母之命，妻子服從丈夫的意見，學生服從老師的教誨，人民服從政府的政令。服從的行為多少會喪失自主自尊，但也如青年守則中的一條所說「服從為負責之本」，亦即服從是為了負責，也表示是負責行為。

鄉村人的服從行為有可能會失於盲從，盲從是一種姑息，因而容易養奸，即致使獨裁者繼續不當發號施令。在過去封建獨裁父權至上的時代，此種盲從式的服從較為多見，但是自從教育發達，知

識開放，社會趨向平權與民主以後，鄉村人民的服從行為漸多是明智的服從。這種負責化的明智服從具有多種好處，第一符合倫理，第二使人際關係平順進展，第三社會和平融洽，第四政治安定。因為鄉村人民具有服從的德性，鄉村家庭與社會中確實也都較為祥和平安，也較少見有反抗政治的社會運動行為。

服從者的負責意義是多方面的，包括對所服從的對象負責、對自己負責，以及對全社會負責。對服從對象負責，指的是照其命令或意思行事，不違逆反叛，遵命完成其願望。對自己負責是將服從視為責任後，就必須克盡責任，努力完成。對社會負責是將服從的事務看做是一種社會規範。依社會規範行事，算是為社會盡到責任。

八、保守與守法

鄉村的人民一向都較為保守，固守原有的生活方法與習慣，保留原有文化與財產，少有創新與冒險，主要原因是怕失敗，怕失去生活憑據。保守會妨害變遷與進步，但是保守也有許多好處，少有危險，少有浮動，也較少有紛亂，對國家的政治意義尤其具有較能守法的精神。本節在以下部分將對鄉村人民保守與守法之間的關係再多作一些闡述。將分成在生活上的保守與政治參與上的保守兩大方向，為其與守法的關係加以分析與說明。

（一）生活上的保守與守法

　　鄉村人民在生活上的許多方面都比都市人相對保守，鄉村的人少有人敢借錢投資，少有人會未賺錢就先花錢，對許多用過的器物捨不得丟棄，對未曾用過的生產與生活方法不敢輕易嘗試，不敢冒險遷移到人生地不熟的遠地拚命謀生。生活上如此保守有兩個重要意義，一個是因為對舊有事物熟悉，較有把握，較不會失敗，也較有感情。另一個是對新事物較無把握，較生疏，也較不敢輕易接近與接收，怕會受到傷害與失敗。

　　因為生活保守，習慣固守舊有的傳統，依照習慣與規範行事，也少有違反規範、紀律與法律的舉動與行為，法院較少有鄉村的人造訪，監獄也較少關禁鄉下的人。

（二）政治上的保守與守法

　　一般鄉下人對於政治都較少過問，一來不熟政治的操弄，也缺乏操弄的本事。二來視政治為危險的事務，因過去見過太多人為參與政治而犧牲自由與生命，故對於政治常持遠離態度，習慣當順民，少有違抗，故較少見鄉下人的政治犯。照此邏輯與作風，鄉村人的政治立場都較偏向支持執政的政府，但是當政府的政策與施政措施違反了鄉村甚至是全國的民意卻還一意孤行時，原來保守的鄉村居民卻也較少妥協，會站在反對的一邊。這不表示鄉村的人較為激進，而是政府先激進過了頭，鄉村人民比都市人更保守，要加以捍衛原有的安定與進步。這種捍衛式的保守有時成為容易抵抗檯面上的規律，唯此時的規律已經失控並有違正義。故鄉村人民的反強權與錯誤的執政體系，仍具有保守與守法的深遠意義。

九、無大志也無野心

　　這是鄉村人民的典型心態與德性，平生無大志也無野心，只求能安身立命。一般胸懷大志的人都以能做大官、做大事業、賺大錢爲目標，少有懷大志的醫生爲懸壺濟世，懷大志的知識份子要爲天下百姓分憂，解救平民百姓，少有懷大志的善士要捨身救濟與服務社會。多半的鄉村人民都無此大志向，也無如此的大野心。無野心就能安分守己，不惹事生非，雖不能造福社會，也不致危害社會。

　　常見野心的政客，爲了自己的名利，會做出逢迎權貴，操弄權勢，貪贓枉法，誤國誤民。也常見野心的企業家，製造害人生命健康的產品，結交政治權勢，搬弄人民存在銀行的血汗錢。比較這些雖有大志卻是很有野心的高官巨賈，則無大志也無野心的鄉下人，雖然少有利他的貢獻，卻也無害人之行爲，其價值並不輸給野心勃勃的大政客與大奸商。

十、安土重遷圖謀穩定

　　臺灣鄉村社會之能安全穩定，與其人民安土重遷的心理大有關係。在工業化與都市化過程中，雖然有不少年輕的鄉下人遷移都市及工廠工作謀生，但守住在鄉村不遷不移的人口仍有不少。這些人安土重遷，穩定鄉村的基礎，永續經營鄉村，使鄉村能安定並長存。許多鄉村的人安土重遷，主要是有固定的土地資產，因爲土地

的牽連，也懷念故鄉的人情世故，不輕易離開。

　　正當鄉村人口大量流失之際，政府的農政措施努力推行可以改善鄉村產業與經濟的指標，具有緩和人口外流、留鄉返鄉、發展鄉村的意義與目的。重要的政策包括發展農業產銷、改善鄉村設施與服務，也在鄉村地區設立工業區與工廠，使工作機會接近鄉村地帶，以及提供農民福利等，都能有效穩住鄉村人民，也能穩固鄉村社區與社會的效果。

　　留住在鄉村的人民，本身也能致力於鄉村的建設，使其更適合工作與生活，不必遠離家鄉到外地奔波流浪。鄉村人民能努力的方向包括改進生產型態與方法、提高收入、改善住宅等居住條件與環境，也有將部分家人遷移都市，使全家庭能分享都市生活的好處與利益，部分家人則留在鄉村固守家園，也能過著鄉村寧靜平安與自然的生活，對個人也是一種幸福，對國家也有保護國土、保存固有文化的功用。

十一、為心安而行正

　　人的內心會覺得不安原因很多，其中行為不正，常是內心不安的最重要原因，為能心安，最需要注意與遵守的也就是行為要端正。鄉村的人求能心安，是其為人做事的很基本原則，而其重要的做法就是要行正。鄉村的人多半都能行正，因此也少有心神不安的人。

　　人生求能心安並不是奢求，但一不小心做錯了事，心理可能就不安。為求心安行正的原理並不十分困難，但也不十分容易。行正者要能正直做人，正派做事，堂堂正正。品行端正，光明磊落，就

能贏得他人的依賴與尊敬。正直的人不能謀私，不能貪利，不搬弄是非，不奸詐狡猾，不奉承阿諛，不陽奉陰違，能平等待人公正處事，不口是心非，不耍手段，不用心計。心正的人，也要謹慎，不可糊塗，否則會招來禍害與羞辱。行事要低調，思考要縝密，做事要虛心，也不可得意忘形。人非聖賢，很難完全無過，但只要時時反問自己，叮嚀自己，不可行惡行錯，把人做好，也將事做好，就不難行正。鄉村的人才學程度不高，但也因此不善於虛偽作假，不做壞事，保持純真，也就不難得到正道。

十二、淨心的後果與好處

本章探討鄉村人民的心理，開始強調其淨心的特質，在最後一節討論淨心的後果與好處，可分三方面說明。

（一）淨心者無煩惱

淨心的直接心理好處是無煩惱。人心中的煩惱都因不淨而起不安，因而也會有煩惱。要解除心中的煩惱先去除心中的不安，心中會不安都因有罣礙，能去除這些罣礙就能淨心，也就可以卻除煩惱。

人的煩惱得自多種情緒，挫敗、失意、悲傷、焦慮、失敗、沮喪、抑鬱、失望、厭惡、恐懼、尷尬、憤怒、怨恨、敵意、羞辱、孤立、妒忌、憂鬱、寂寞、緊張、恐慌、懊悔、震驚、悲哀等，遇有負面的心情狀態時，都會有煩惱。能捨棄這些負面心情的人，也是能獲得淨心的人，也就不會有煩惱。

（二）淨心靜觀與自得

淨心對個人進一步的好處是，可使人靜觀，而後能自得。人在淨心的情況，心靈才能在澄淨狀態中，觀察力也就變得敏銳，可看到平時視而不見之事物，在平凡的經驗中會有非凡的發現與心得。

中國宋朝程顥的詩中有「萬物靜觀皆自得，四時佳興與人同」兩句，意指當人能將心淨空就能仔細觀察，並欣賞到萬物都具有特色，也都有自得的神情。在春夏秋冬四季景色風光都很美好，需要讓人去品味，人人應該去享受美景的樂趣。

（三）安定大眾心理效果

淨心不僅對個人有好處，對於大眾心理也具有安定的作用與效果。因為大眾心理是彙集個人共同心理而成，當社會中的個人都很淨心時，社會大眾也就都能安心與定心。鄉村人的淨心特性，實具有使社會大眾定心安邦的效果。

參考文獻

淨空法師專集網，http.www.amtb.tw

梁漱溟，2012，《人生三路向：宗教、道德與人生》，香港中和書局印行。

鄭昭明、陳億貞譯，2006，《普通心理學》，雙葉書廊印行。

第十一章
倫理、生活、自然與學校的教育

一、教育新角色的意義與重要性

在討論臺灣鄉村新角色與新出路時必須要將教育新角色當做一要項加以討論，因為此一新角色是了解臺灣新角色的要素之一，從此一新角色，可了解臺灣鄉村新角色的重要部分，此部分與鄉村新角色的許多部分也都有密切關聯。

（一）教育新角色的意義

臺灣鄉村教育的新角色是指當前臺灣教育的新情勢及其對鄉村、社會及國家的意義與影響，所謂新角色是與舊角色對比，包括對比舊時代的教育性質與內涵，及過去教育的效果或影響。

在探討教育新角色時必定與舊有角色相牽連。有些舊教育受到挑戰後消失，但也有些舊教育受到挑戰後經歷更新與變化。

探討臺灣鄉村角色，必須先探討臺灣鄉村的教育，因有數個重要理由：(一)教育是社會體系之一環，探討鄉村的新角色時，不能省略此一環節；(二)教育角色影響個人的生活與前途；(三)教育角色影響社會中許多副體系的性質；(四)教育影響全社會的變遷與發展。因有上述的理由，本書中乃有本章的討論。

二、臺灣鄉村教育的落後程度及曙光

（一）落後的事實

臺灣鄉村的教育始終都是較落後的，落後的事實可從兩大方面

見之：第一，鄉村人民的教育程度相對較低，主要因為追求較高等教育的心理欲望與經濟能力較低使然。第二，在鄉村地區較缺乏較高等與較好品質的教育設施與學校。這兩項因素或缺陷造成鄉村缺乏較高等的人力，尤其是受教育部分，影響鄉村社會變遷與發展的速度相對緩慢，但也因此能保存較多的傳統，其中有不少傳統是可貴的，如在道德文化方面。

（二）提升水準的曙光

自從臺灣社會教育普及以後，臺灣鄉村的教育程度與水準有提升的曙光。第一道曙光是人民在追求教育的意願普遍提升。雖然供應子女受高等教育的能力仍然有限，但因社會上供給年輕學生打工機會增加，不少鄉村中家境不良，但上進心強的子女，普遍在就讀大學及以上的期間一邊打工的風氣逐漸盛行，也逐漸習慣，不少鄉村經濟不佳的年輕子弟也能接受大學以上的教育。

另一道曙光是自一九九〇年代以來，臺灣實施劇烈的教育改革，簡稱教改，牽涉的面很廣，其中包括增設許多大學，且有不少分布在鄉村地區，高中畢業生可升大學的比率也大幅提升。本來不少鄉村青年學生不容易考上大學，也都有較多的機會入學。這兩道曙光使鄉村人民提升不少進高等教育機構接受高等教育的機會，但是都如曇花一現。

（三）曙光如曇花一現

前面所指可增加鄉村子弟受高等教育的機會有如曇花一現，第一道曙光變得微弱，是臺灣的經濟景氣在過去六年多以來因為政策

錯誤，行政不力，明顯衰敗，學生打工賺錢支付學費及生活費用的機會與能力變低。同時間大學學費卻逐漸升高，鄉村背景的窮苦學生受高等教育的能力與機會也有變弱的趨勢。第二道曙光的熄滅是有些位於鄉村地區的大專院校因爲少子化造成大學生來源變少，在高度競爭下無法生存而被迫關門或減小規模，也影響鄉村青年就學大專院校的機會。這兩道曙光的減弱或熄滅都爲鄉村教育彌補落後的機會，增添了變數，恐怕會再回到拉大城鄉差距的變遷過程。

三、幾種重要的鄉村教育理論與方法

過去在中國廣大的鄉村地區曾有偉大的哲學家及教育家爲農村教育提出重要的理論與方法，爲鄉村教育建立良好的基礎。梁漱溟（一八九三～一九八八，蒙古族籍廣西）提出的農村教育理論與方法，主張使用村治實驗教育，側重情意與倫理教育，教之以孝悌，不像西方教育側重傳遞知識與科學。他的農村教育以倫理本位結合農村的生產與分配以及政治制度，維繫了社會秩序。他也認爲中國社會應維持職業分立，不應走向西方的階級對立。他主張土地資產可自由買賣，家庭遺產應由諸子均分，都是職業分立的重要概念。

晏陽初（一八九三～一九九〇，四川人）也是一位平民教育家與鄉村建設專家，他的鄉村教育與建設理論是發揚平民教育，克服農民的貧、愚、弱、私四大弊病，達成鄉村建設的目標。教育中國農民首先教以識字，再教生計、文藝、衛生和公民四大項目，培養農民的知識力、生產力、強健力與團結力。造就新國民，使能在鄉村實施政治、教育、經濟、自衛、衛生與禮俗六大建設，以達到救

國救民的目標。他曾在菲律賓創設國際鄉村改造學院，也協助南美洲、非洲和東南亞的發展中國家推展平民教育運動，貢獻卓越。

二十世紀中葉以後，在臺灣推動農村教育的機構有農復會與其後續的農發會、農委會，以及臺灣大學的農業推廣學系等，都投入大量的心力，提出理論及方法，展開農民及鄉村教育運動，對於臺灣農民、農村在農業經營環境、衛生保健、家庭生活知能等方面的建設與發展，都有可觀的成就與貢獻。

四、早前可貴的私塾教育基礎

在臺灣早前鄉村正式的學校不普及，但對教育並不陌生。教育的方法除了家教以外，也很流行私塾教育，由飽學古書的長者在廟裡或祠堂開班教學，主要的教本為三字經、千字文及四書五經，重要內容包括識字及做人道理的倫理道德觀念，學生給教師送束脩當做學費。上私塾的學生多半為男童，少有女童參加。

臺灣鄉村地區的私塾教育約流行到戰爭結束之前，亦即約在日據時代結束之時，此種教育可彌補日式教育缺乏漢文教育的缺陷，對於鄉村兒童認識漢字及中國文化甚有幫助，也奠定鄉村人口認識與理解漢字漢文的重要基礎。此種教育至戰爭結束，正科的學校改為中國文字而逐漸銷聲匿跡。

五、家教與身教

　　鄉村的教育特性中，家教與身教占有很重要的地位。家教是指由家中長輩教育後輩子女，身教是長輩以自己言語行為及為人處世的態度與作風傳給後代子孫，著重在啓發與示範，較少使用教條式及灌輸性的方法強加在子女身上。

　　鄉村家長中知書達理者雖然不多，但並非完全缺乏，具有知書達理水準的鄉民常會自己教育子女讀書識字及明理，不知或少知書達理者，則至少會將生活知識與技能傳授給後代子孫。種田的農民必會傳授農業生產、加工與運銷的知識與技術，具有特種工藝製造與加工技能的家長，也會將其要領祕訣傳授給家中後代子孫，許多百年老店的食品工廠與行號，都是由上代祖先將特有技術傳授下代的。

　　鄉村人民教育子女甚為重視身教的方法，不以多言訓育後代子孫，而是以實際行動做為模範，使其後代子孫能由觀察與接觸而受到潛移默化的影響與陶冶，獲得眞傳而得到教育的效果。讀過四書五經等古書籍的鄉村人民，其言行的道德標準不低，子女常能從祖先長輩的模範言行中獲得啓示與造化，終究也會成為受過嚴謹家庭教育後果的人。

　　能使後代獲得良好身教的人，本身都有良好的生活習慣與道德行為，後代子孫效法之後不會變壞，都能獲得良好的身教，成為行為端正的仁人君子，不致變成為非作歹的小人。

六、學徒教育的生活功能

　　鄉村教育模式中有一項學徒式教育，也非常特殊與重要。此種教育模式的重要效果是在使受教者獲得各種生活的方法與技能，也能達成改善生活的功能。學徒教育具有數種重要的性質，將之扼要說明如下。

（一）學徒多半出自窮人家庭

　　鄉村兒童自小擔任學徒者，多半是出自窮苦人家，這些人經濟的壓力與負擔很重，無力將其子弟送進正規的學校就讀，乃將子女自小就送到各種技術或專業的師傅之處學習各種專業的技術方法，當做謀生技能。學徒在師傅身邊做徒弟學習技藝時，不必繳納學費，但也不能賺得工資。師徒之間，一方傳授技術，另一方則邊做邊學，獲得一技之長，有一日也可自立門戶，當起專業的師傅。

（二）徒弟可學習的專業技術與生活技能有多種

　　許多鄉村的專業機構或師傅都會收學徒，這種機構包括醫院、工藝店、小工廠、理髮廳、藥局、餐廳、布行、雜貨行、腳踏車店、摩托車行、建築師、會計師、記帳公司、戲班、音樂圈、拳師、草藥師等。只要是有專長技能、有較高收入的機構或人員，工作又較忙碌者，都有可能收納學徒，教育學徒先當小工，從中學得技藝，教育徒弟具有獨立生活的能力。學徒則從對師傅及其開設的專業性機構，先盡勞工角色，而後從中學習工作的知識與技能，直到自己的技術成熟，自立門戶，開設公司，自當雇主，進而收取學

徒或助理，又開始行使專業性服務，將特殊技能傳遞給下一代的徒弟。如此將技術、生活技能代代相傳，加以改進，各行各業乃能永續經營、生生不息。

（三）學徒式教育可能使技藝滅絕也可能更發揚光大

鄉村中學徒的教育模式有可能因為師傅的心胸保守，未將祕訣傳授給徒弟，或因為學習過程太過困難乏人願意學習，乃使特有的技能逐漸流失而絕滅。但更可能由於徒弟青出於藍而勝於藍，使各方面的特殊技能更加發揚光大。

（四）學徒式的技能教育可成為謀生的良好方法

當學徒習得各種特殊技能都可當做謀生的方法，身懷一技之長的人，謀生就算困難，技藝良好者終會成為名師而能再將技藝傳授給下一代的徒弟。代代相傳，技藝不斷。這種師徒式的教育方式在鄉村甚為常見，在都市則較少見，因為在城市中技術的傳授常正式開班上課，人際關係都較為正式，少有私下傳授的情形。

七、原野與田園的自然教育意義

鄉村中的原野與田園是一片自然生態園區，因而也是一片良好的自然教育園地。原野的一草一木以及大小生物都可當作教材，也是值得學習的目標與對象，常見生態學、動物學與植物學的教材及研究學習的內容。田園中的耕作方法與農作物的生長原理，則是作

物學、園藝學、農業化學、土壤學、農業工程學以及植物病蟲害學等的教學與學習目標。

從原野與田園中能看到的是自然景象，甚值得觀察的也是自然的現象。原野與田園的自然教育意義是要從原野及田園中發現生命、找尋真我，將自我投入自然中，獻身給自然。人融入自然的過程是先接觸自然，再進入自然，而後融入自然，進而獻身自然。在原野與田園中的超越凡俗經驗，可使個人獲得對自然的體驗，藉自然環境調適個人身上的壓力，可使個人的自信心提升，也可使人能與靈性接觸與確認，人從接觸原野與田園的經驗中，提升自己對自然的了解與適應。

八、農業教育機構與服務

鄉村社會的教育類別以農業教育為第一要項，在臺灣的鄉村社會中建立許多有關農業教育的機構與服務。重要的農業教育機構有四類，第一類是農業學校機構，第二類是農業研究機構，第三類是農會的農業推廣部門。第四類是各級政府的農業主管部門。過去曾有較多的農業職業學校及大學農學院，至今雖減少許多，但仍存有少數幾所。其中農校對於教育農村中農民子弟務農的知識與技術，功能昭著。農校畢業生多半會擔任基層的重要農業行政工作者或輔導者的職位，對於協助農民解決農業問題、改進農業產銷知識與技能，都有可觀的貢獻。

大專農業院校培育教育階級的農業科學人才，對於臺灣農業的發展更扮演重要的角色。這些院校將農業的高等教育與研究工作分

　　成精細的科學，培養各細部的農業研究者，帶動臺灣的農業科學水準達到世界頂尖等級之一，也培養國內高層的農業行政及經營管理人才，使臺灣的農業發展成果亦達至世界頂尖的水準。這些大專院校雖然多半都位處都市中，但在鄉村地方設有分機構，學生的實習也常直接抵達農村地區的農場進行。

　　鄉村地方的第二類農業教育機構是農業試驗與研究機構。臺灣的農業行政體系中有農業、茶業及畜產等的實驗研究機構，這些機構分設在臺灣不同區域的鄉村地帶，各區實驗研究機構之下又另設分機構，使農業的實驗研究場所遍及臺灣的各角落。一來這些機構的實驗研究工作可接近當地的實際農業經營，快速應用到農民及農場上，另一方面則遇有實際農業問題時，可就近快速反應給這些實驗研究機構進行處理，快速幫助農民解決問題。

　　第三類鄉村中的農業教育機構是各級農會的農業推廣部門。臺灣設有一處全國性農會，數十處縣市農會及二、三百個鄉鎮區農會，都設有農業推廣教育部門，分設農事、四健及家政教育細項，對於教育及輔導農民的農業及家事知識與技能的功能都甚為良好。臺灣農業發展能有今日的成就，各農會推廣部門功不可沒。

　　臺灣各級的政府組織中也都有農業的行政部門，這些部門名為行政機構，實質上也都具有農業教育的性質與功能，即所謂寓教於政。這些行政機構從與鄉村居民的接觸過程中，不僅完成行政工作，也將政府推行的各種農業政策措施落實到基層農民身上，使農民徹底了解政策的細節，其教育性的意義與功能非常重大。

九、學校教育的普及性

今日臺灣鄉村的學校教育可說相當普及，在鄉村各地普遍都設有小學與國中，雖然在偏遠的鄉村地區，有時數個村里才設一所小學，一個鄉鎮區才設立一所國中，但鄉村子弟上學的困難度並不高，有些縣市設有學生交通專車接送國中生上下學；小學生住所與學校距離較近，則由家長接送或自行來回學校與住家之間。

學校的普及，提升兒童的就學率，如今國民義務教育共有十二年的先導計畫，亦即達到高中程度，即使在偏遠的鄉村地區也甚少有不接受義務教育的學童。學校普及，教育也普及，這是臺灣社會進步的重要因素與力量。

十、受教子弟成器與翻身

（一）教育可使人提升社會經濟地位

鄉村人民因受教育而能成器與翻身，教育與社會經濟地位有很高的正相關性，受較高教育者，社會經濟地位提高的可能性很大。鄉村人民想要提升社會經濟地位，經由接受教育是一條有效的捷徑。

在此所指教育並不完全指學校教育，但學校確實是一項比較可以接受良好教育的機關。鄉村中雖也有少接受良好的學校正規教育，而在事業地位上有良好的成就者，但畢竟是少數。多半接受過良好學校教育的人，翻身與成功的機會都較大。由於教育的普及，

鄉村中也造就不少優秀的子弟在教育階梯上爬到高層的地位，其社會經濟地位也都獲得可觀的改善，也因此教育事業都能普遍受到鄉村人民的重視，多數的明智家長都願意自己吃苦，努力將子女送到學校讀書，且都盡量選讀較好學校。

（二）學校教育可使人成器與翻身的過程與理由

學校教育可使受教的鄉村子弟成器與翻身的過程與理由，可從如下所述幾點明顯看出。

1. 學校教育使人增進知識與能力

學校教育能使人成器與翻身的最重要過程與理由是可使人增進知識與能力。學校的教師及環境是以傳道授業解惑為要務，置身學校的學生只要虛心求學，都能順理成章增進自己的知識與技能，增進做人處事的能力，這是成功的重要因素。

2. 學校的生活過程使人得到許多社會資本

人在學校就學期間接觸的同學師長，都可能成為就業工作上的貴人或幫手，都是個人成器與翻身的重要社會資本。雖然這些人脈並不是可用做投資的經濟資本，卻都可能變成經濟資本。許多人能得到好的工作，能有機會晉升地位，常是因為有師長及同學的推介與拉拔，若未經過學校教育這一關，就缺少這種機會。

3. 學校教育給個人認證得以成器與翻身

每個走完學校教育歷程的人，學校都會發給畢業或結業證書，做為認證。人在就職的過程中常要附上畢業證書或受教育的文憑，當做一項重要的支持證件或資料。這種認證在不少就職的場合，不

僅是有幫助且是絕對必要。這也就是現代的人對學校教育不得不重視，且要擠進好學校受教育的一項很重要原因。

在就學機會較趨於人人平等的時代，鄉村子弟接受學校教育的機會提升，使其能成器與翻身的機會也大為提升。但因不同的人接受學校教育的成效不同，其成器與翻身的機會與情況也不一樣。

十一、教育促使鄉村變遷與發展

鄉村教育的功能不僅能使個人成器與翻身，也能使鄉村社會產生整體性的變遷與發展。這種成效可作如下的幾點分析與說明。

（一）教育發展本身是一種社會進步

教育是社會體系中很重要的一項，社會中的教育發展也表示社會的一個環節有了發展，是社會整體發展的一部分。臺灣鄉村社會的變遷與發展若缺乏教育的變遷與發展這一項目或環節，就大有缺陷。

（二）教育培養了社會變遷與發展的促變人才

社會的變遷與發展常因為先有促變的人為之推動，這種促變者常是受較好教育者，有較好教育的人才有眼光與能力引導社會變遷與發展，且往好的方向變。缺乏良好教育的人往往也缺乏這種促變的能力，即使表面有不差的教育程度，但不一定都具有促動社會變遷與發展的能力。

（三）教育是多項社會變遷與發展的基礎

正如前面所言，教育是社會體系的一環，這一環節特別重要，是帶動其他社會體系環境變動與進步的重要環節。教育增進知識，因而可帶動經濟、資訊、政治、文化等多方面的變遷與發展，可說教育是社會進步的源泉，也是國家進步與發展的最重要基礎。

十二、鄉村人民對教育也重視

因為教育對個人及社會與國家的發展極為重要，不僅受到政府的重視，也受到人民的重視。不僅受到富人重視，也受到窮人重視。不僅受到城市居民的重視，也受到鄉村人民的重視。

鄉村居民重視教育的具體表現是使其子女盡量能夠接受較高層次的學校教育，此與二次大戰結束初期，許多鄉村人民將兒女留在家中幫忙農事視為比使其受教育重要的情況大有不同，也因此當前臺灣的鄉村比以往變遷與發展的速度較快，發展的幅度也較寬較廣，教育功能實在不可忽視。

參考文獻

晏陽初，1990，《晏陽初全集》，第一卷，湖南教育出版社。

蔡宏進，2014，「評臺灣鄉村小學的興衰與再生之道」，《臺灣農村與社會建設的檢討》，43-46頁。

樓繼中，2000，《自然教育》，教育大辭書。

梁漱溟，1937，《鄉村建設理論》，鄒平鄉村書店出版。

第十二章　資訊傳播與交通運輸發展

一、資訊與傳播的意義及在鄉村社會的重要性

（一）資訊的意義

資訊一詞英文為Information，是一個抽象的名詞，具體表現的形式很多樣，包括文字、符號、語言，甚至圖畫或音樂等，但其共同功能都在傳遞訊息。

（二）資訊的形式

資訊包括知識與資料，知識的資訊要求有認知的觀察者，資料的資訊則不必要有人觀察與認定。基本上資訊是在一個系統內有關原因與後果的傳播或散布。

（三）傳播的意義

傳播的英文是Communication，是一種有目的交換或交流資訊的活動，也常使用各種技術性或自然的方法，透過時空來交換或傳送訊息，常包括送出者與接受者兩方面的人，兩者都能了解傳遞訊息的意義。

（四）交通運輸的定義

此一名詞的英文是Transport或Transportation，是指人、動物或物資改變地點，人改變地點稱為交通，物改變地點則稱為運輸。

（五）交通運輸的重要性

交通運輸非常重要，可使人與人之間相互接近或見面，也可將物品藉著交通運輸而與使用者接近。

（六）資訊傳播與交通運輸在鄉村社會的角色與功能

資訊傳播在鄉村社會的重要角色與功能約可摘要成下列數項說明。

1. 對鄉村人民產生教育影響力。

2. 表達鄉村人民意見。

3. 替鄉村人民監察政府。

4. 傳遞資訊給鄉村人民。

5. 提供娛樂。

6. 傳承文化。

但不當的資訊傳播也扮演三項重要的負面角色，即：

1. 麻醉民眾。

2. 造成刻板印象。

3. 擬態環境有失眞實。

至於交通運輸的角色與功能也有下列要項：

1. 交通可使時空的關係變換，經由時間的改變，也改變在空間上所處的地點。

2. 運輸則使貨物轉換與分布所在的地點。

3. 人因交通改變地點可做較合適的活動，物因運輸而有助改善其生產及消費等用途。

二、鄉村人民普遍接受媒體傳播的資訊

　　資訊傳播過程包含輸送者及接受者兩大方面，鄉村人民可能是資訊的輸送者，更可能是資訊的接受者。臺灣的大眾傳播媒體甚爲發達，鄉村居民常處於此種過程的末端，接受資訊多於發送資訊，所接受的媒體資訊以來自電視者最多，其次是來自報紙。此外還有來自收音機、網路、書籍、雜誌及布告等。

　　鄉村人民從傳播媒體接收到資訊的種類很多，內容也極爲豐富。就資訊的種類看，有政治的、經濟的、社會的、文化的、娛樂的。就內容方面看，有宣導的、有讚美的、有批判的、有鼓勵的，也有挫折的。鄉村的人民接受了各式各樣的資訊之後，會有長進，也可能受傷，但總是會增加知識、智慧與訊息，可做爲調整工作與生活的憑據，比未接受資訊前的封閉、無知要強許多。

　　做爲資訊的接受者，對於資訊的傳送者扮演了補助的角色。有人接受訊息，送出與傳播訊息才有意義，也因有鄉村人民接受大眾媒體傳送的資訊，才能顯出資訊傳送者的重要角色，傳送者的辛苦努力才有代價，才有價值。當傳送的資訊對於鄉村的社會與人民能產生發展與建設的作用與後果時，資訊傳送者的價值不僅造福接受資訊的鄉村人民及鄉村社會，甚至也可爲全國家全社會及全人民造就成果與幸福，如果缺乏鄉村人民接受媒體上傳播的資訊，則傳播的效果就會大打折扣，對人類的貢獻也要減少許多。

　　許多國家要人民配合行動的政策都經大眾媒體傳播，可使鄉村人民快速得到並接受，有助於政策較快速落實。可說傳播媒體幫了鄉村人民，也幫了國家及政府達成重大使命。

三、地方事務少能上媒體

在大眾媒體傳播資訊的過程中，鄉村人民與鄉村社會不僅是資訊的接受者，也有可能是資訊的創始者與傳送者。如今大眾媒體的傳播過程常是雙向的，多半的資訊中，接受者也是送出者，鄉村即具這種角色。

當鄉村地區發生較為重大新聞事件時，也常會播上媒體，鄉村乃成為資訊的製造者與播出者。但因鄉村的幅員廣大，有些新聞如果不夠重大，只能成為地方新聞播出，達不到全國性或世界性的新聞層級，也因各種媒體工作人員在鄉村的分布相對較為稀少，不少有價值的鄉村新聞資訊，也有可能被忽視或省略。

鄉村的資訊相對較難傳上媒體的原因還有很多，有些原因是先天不足，難成氣候，故不為新聞媒體界注意，有些原因是被埋沒或被冤枉，是媒體不爭氣，懶於到偏遠的鄉村去找材料，尋目標。就這兩方面的原因略作說明如下。

（一）先天較缺乏新聞性

新聞報導最喜歡追逐公眾人物及國家大事，這兩樣重要新聞目標多半存在與出現在城市，而少出現在鄉村，因此新聞記者不論是政治記者、社會記者、經濟記者或娛樂記者都將精神與注意力寄放在都市地區，對鄉村地方少有興趣。

（二）媒體未能到鄉村地區挖掘新聞目標與主題

如果不僅將好新聞的標準著眼在滿足人們的感官與需求，

而能提升到道德、公正、榮譽的層次，則新聞資訊就不應僅在人口眾多密集、冠蓋雲集、名人眾多的都市地方出現。事實上鄉村地方也隱藏許多有價值的新聞目標與題材，但是由於缺乏較有獨特看法、較有深度的新聞記者與作家願意深入鄉村關切挖掘與報導，也較少具有慧眼的新聞領導者鼓勵記者從事這種新聞採訪工作，以致鄉村地區有價值的新聞資訊始終少能出現在新聞媒體的版面，鄉村也就少能成為媒體資訊的供應者。如果新聞媒體界能改變觀點與立場，鄉村的新聞資訊角色就有可能變為更主動、更活躍。

四、傳播媒體成為獲得訊息與知識的主要來源

（一）少有讀書文化

人要能充實知識與訊息，一個重要的方法是多讀書，因為書中藏有豐富的知識與訊息，尤其是較專門性的知識與資訊都會有專書介紹，要獲得較專門的知識與訊息，閱讀專書最能容易並有效地獲得。但是鄉村的人讀書的文化水準普遍不高，少部分年紀較大的農民還是文盲，缺乏閱讀能力，多數從事務農等體力工作的鄉下人，停工時身體容易疲累，少有閱讀的精力。在鄉村的地方，圖書的來源也缺乏，除了鎮街上偶見有民眾服務站兼設圖書館外，少有便利民眾的公共圖書館。因為這些因素，致使鄉村人民多半都由傳播媒體獲得新資訊與新知識。

（二）最多人由看電視獲得新資訊與新知識

看電視成為鄉村人民一種最主要的業餘休閒活動。生活過得去的人家幾乎家家有電視，也幾乎天天都看電視，而且看的時間不短。看電視比讀書輕鬆，又可不必太花腦筋，其中娛樂節目又可使人輕鬆歡笑，因此許多人都很喜歡。

電視中的新聞報導、專訪節目，以及廣告時間，最能提供觀眾新資訊，以及新知識，有心吸收的人可從中獲得不少資訊，但是如果未經選擇，也很容易受其引導，甚至會有偏誤。

（三）也可由報紙、雜誌、收音機獲得新資訊與新知識

除了電視，報紙、雜誌及收音機等大眾傳播媒體，也提供不少新資訊與新知識，農政部門及農業團體發行的農業雜誌刊物，仍是許多用心的農民最愛接觸的媒體。讀報的鄉村人民一般的眼界都會較為開闊，尤其對於政治等國家大事都能獲得較多資訊，只是訂報閱報的人並不很多。收音機在四、五十年前曾經是最重要的媒體，如今已漸被淘汰，許多年輕人只是將之用做學習外國語言的工具：農民則會隨身攜帶無線電收音機一邊在田間工作，一邊欣賞輕鬆的音樂。但收音機做為傳遞訊息與知識的功能，則漸被電視等媒體所取代。

五、資訊農業時代的來臨

前人學農都默默耕耘，現代人務農為能多獲利潤，則要重視相

關資訊。資訊告知農民如何決策以及如何行銷才最為恰當，能應用資訊才能獲利，才不吃虧。今日的農民也逐漸像商人注重商機，要看準農業的商機，則要靠正確的農情資訊，而主要資訊則來自傳播媒體。

（一）資訊供做農業決策之用

農業的相關資訊範圍甚廣，前人重視的資訊是天候的變化，今日的重要資訊則還要擴及農產品的供給與需求，亦即從自然資訊擴大到經濟資訊。農業品的供需訊息又要關聯其他農民，包括外國農民的供應、國家的貿易政策，以及消費者的偏好及購買力等。這其中又牽涉到政治、國際關係、生活習慣等社會文化資訊，也都是現代化農民決定如何種植農產品、如何經營，以及如何銷售產品的決策依據。

（二）網路資訊供做銷售產品的重要依據

當今經營農業要能獲利，銷售往往比生產重要。正確的銷售要靠正確及快速的資訊，除了解消費者的來源、偏好等資訊供做決策外，還得靠網路資訊使能迅速有效行銷。進步的農業經營者靠快速的網路行銷農產品已經逐漸成為流行與風尚，網路訂貨、快遞送貨的方法似乎成為進步農業必然的走向。休閒農場接受客人訂貨、訂房、訂餐也已經都是網路化。不利用網路傳播訊息，幾乎難與他人競爭，也無法經營下去。有機農產品、直銷農產品的銷售，以及農用品的選購，也都已經網路化，網路資訊的農業似乎已經到臨，都成為消費者及先進農民的最愛。未來農業的發展也必然要使網路農業普及化。

六、密集的道路與交通運輸網

（一）交通運輸方便實況

　　臺灣鄉村的交通可說四通八達，道路密集，東西南北的交通道路形成網狀，僅在山區才較為不便。有些山產的運輸仍會有一些困難，鄉村道路交通的發達也方便了人口往來。

（二）奠定農漁產業發展

　　鄉村道路交通發達，奠定人口往來及農漁產物品運輸的方便，各大都市人口往返平地鄉村，都可以於一日內完成，偏遠地區的農漁產品也都可以一夜之間運往重要的城市消費地，方便的交通運輸也奠定鄉村地區產業的發展。

（三）便利的交通運輸影響鄉村土地利用改變

　　臺灣鄉村道路交通方便的另一項重要影響是促使土地利用轉型，重要的利用改變是從農業用途變成工商與休閒服務等利用。許多新開發的工業區或零星工廠都坐落在鄉村地帶，也有鄉村土地改變成大型物流設施、醫院、大專學校用地，發展成休閒農場、休閒農業區、遊樂區或觀光旅遊地。這種工商服務業的設施與服務必須有快速的交通工具，才能開創業務與商機，密集的道路與交通都有助帶動這些二、三級的產業在鄉村地區發展。

（四）開發中的重大交通運輸方案

　　臺灣西部南北快速道路與鐵路大致完成，高速公路方面包括南

北向及東西向都很密集，平時行車都能暢通無阻，只在假日車潮多時，才會短時阻塞打結。目前還在開發中的北宜高速鐵路、東部鐵路及公路系統，因為通過山區影響水源，規劃與進行較有難度，但完成後將帶給東部的鄉村及城市的交通會有很大的改善。

七、條條道路通羅馬

　　道路通往羅馬有實質及抽象的雙重意義，實質的意義是由鄉村中每條小路開始，接合連外道路，再接航空交通或水運，最後都可抵達義大利古都羅馬城，也可抵達世界各地的其他大小城市。其言出自古羅馬皇帝尤利安（三三一～三六三）之口，抽象的意義是要達到目的地有許多方法及途徑可供選擇，與殊途同歸或水流千里歸大海的諺語有相同的意義，鼓勵人可選用多種方法達成目標，不必死守一種特定的方法。

　　臺灣鄉村地區交通路源四通八達，人口貨物可往四面八方流通，都有發展的機會，不一定堅持往北或往南，往東或往西。不過鄉村的人依照經驗，心目中較合適前往發展的目的地，卻常只有一處。北部的大臺北、南部的大高雄，是吸引人口的大吸鐵，多數鄉村人口都往這兩極流動。其他的都市如臺中、臺南、新竹等地，也有人口流入，象徵著人們想抵達的羅馬城。在職業的選取上，鄉村人民心目中的羅馬則有工業、商業、服務業，也有人選擇受人聘僱或自創事業。工作地點可能選擇在國內，也可能選擇在國外。近來鄉村人口直接或間接移往國外謀生就業者已有不少，可見其心目中理想的工作謀生及居住地點的羅馬城也不只一處，而是有許多處。

八、山區道路常會崩塌

（一）山區廣闊道路也多

　　臺灣的山區占全部領土的比例很高，約有四分之三。由於人口密度高，山區也住了許多人，開闢不少道路。山區的道路與居住並活動在山區的人相調和、相呼應。有些道路是因先有原住民居住其間或爲特殊活動而開闢，過去安頓退伍士兵在山區開墾，開闢不少產業道路；爲跨越東西兩岸便利交通，則開闢橫貫公路及南迴鐵路等。

　　有路可通的地方就會引導人上山活動，早期在山區活動的人有伐木工人、開礦工人，及耕種水果蔬菜的農民等。近來則有不少人上山經營休閒農場、民宿、遊樂場、爬山、看雪玩雪等休閒遊憩活動。若干著名的遊樂區如清境農場、武陵農場、臺大實驗林、阿里山、日月潭等地，假日週末都會擠滿遊樂的人群。

（二）山路常有崩塌的大問題

　　山路方便交通運輸，卻常發生崩塌的大問題，造成的原因有不可抗拒的天然因素，也有不當的人爲因素生成。不可抗拒的天然因素是土質鬆軟，每逢夏季颱風帶來的豪雨是導致山區道路崩塌的罪魁禍首；北部多天的雨季，也會造成山路崩塌的禍害。不當的人爲因素是山上過度開發，砍伐山林、翻鬆土壤、不斷開闢及拓寬新道路等，都會造成山崩地裂，形成土石流，阻礙道路的通行，嚴重者還常造成人畜的傷亡。

　　人禍的肇因也有因爲人謀不臧、官商勾結、建造山區道路工程

品質不實，偷工減料，增加道路崩塌的危險。也有因為官方不當核准山區開發，而增加山路崩塌的機率及危險性。

九、多種車輛的複雜角色

（一）居住人口的特性導致若干特殊功能的車輛

臺灣鄉村的居民在交通運輸上有與都市居民相同之處，也有不同的地方，小轎車、貨車、摩托車、腳踏車及公共汽車等，是城鄉兩地共同有的車輛，但是城市有地下鐵，鄉村沒有；鄉村有耕耘機、曳引機、拼裝車與牛車，都市卻都未有所見，主要是城鄉兩地居民的交通運輸需要有差別。

（二）農業用的拼裝車輛是鄉村地區車輛的一大特色

拼裝車輛，顧名思義是拼湊裝設而成的車輛，並無一定的規格，曾經是政府優惠農民做為運輸農產品的一種特殊功能的車輛，在拼裝的車體中裝設動力馬達，產生動力，就可行走。速度不快，裝設簡單，型體不大，卻可以方便運輸農用品及農產品。此種車輛馳騁在鄉村農路上相當方便，這是替代牛車的農業專用車輛，為農民所喜愛。政府為鼓勵農業建設，特准此種拼裝車輛免交牌照及燃料稅，也是拼裝車的特性之一。

（三）耕耘機與曳引機

這兩種農用的機械可以用動力行走，雖然不稱為車輛，但也

具有類似車輛的功能。其主要功能是下田耕種及收穫農作物，但也可兼用運輸農用品與農產品，於農田與農宅之間，或農家與集市及集貨場之間。這兩種都是靠機械可行走的車輛，在城市地區也很少見。

（四）其他多種車輛及用途

鄉村地區近年也常見有貨運車，主要從田間將農產品直接運到消費地，或從鄉間的沙石場載送沙石到城市的建築與營造場地，也有為運輸鄉村工廠的原料或產品的工業用貨車。近來行走於鄉村的小轎車也非常多見，其中有的是鄉村人自有，有的是其居住或工作在城市的子弟駕駛到鄉村省親或訪友者。行車於鄉村的大型巴士，本來是鄉村地區的重要大眾交通工具，近來卻漸減少，在不少鄉村僅留做供載運學生上下課，但在另些鄉村，這些特殊車輛已全然消除。

十、肇事的車輛與交通事故

車輛可方便交通運輸，卻也容易出車禍肇事。容易肇事車輛以較快速度的種類居多，早期在鄉村最容易肇事的是軍用車，因為責任輕，駕駛者經驗少，故較容易出車禍。近來則常傳聞砂石車是最容易肇事的一種，這種車輛因為載量過重，或少做檢驗，常會用到煞車不靈而肇事。載客旅遊的車輛因為出車次數頻繁，行走的道路又多為山地風景區，危險性高，而常傳車禍事故。拼裝車也有出事

可能，是因為車體上缺乏燈號，若行車於多種車輛行走的較快速道路上，在轉彎拐角時，也容易被其他快速的車輛碰撞。酒醉的肇事駕駛及摩托車騎士亦會增加發生肇禍事故的機率。

車輛發生事故時，車毀人亡或受傷的可能性都很大，有時還會發生糾紛，是很不良的行為與事件。鄉村的道路交通發達，便利鄉村人民的出入，卻也帶來車禍的災難，為平日寧靜的鄉村社會增添不安與不幸。

筆者故鄉的小村莊曾有兩、三人在村中道路上行走時被外來的私人用車因速度太快而撞死。在西方進步國家的鄉村地區，為防止或減少車禍的發生，常在人多的村莊道路上設置障礙，或將村中馬路縮小寬度，在兩旁多種花草樹木，主要目的都在減低車輛速度，減少發生車禍，同時也可以增添鄉村的美麗景觀，實也值得臺灣的政府及民間學習與效法。

十一、鄉居老人的交通問題

鄉居的老人是最有交通問題的一群，一來因為其經濟能力低，體力衰退，自行開車駕車的能力降低，若遇公共汽車停駛，幾乎斷絕其外出的機會。過去許多鄉村的人民無車可開，出門常用步行，一生的活動空間最遠常僅止於鄉鎮街上。現今有車的人較為普遍，每日行動範圍已拓寬許多，但不能自行開車的鄉居老人，活動範圍卻少有加寬與改進。

鄉居老人如果身體健康，交通不便不外出是可行的，但老人卻又是較容易患病的一群，患病時就必須看醫生，醫院卻多在村外的

鎮上或更遠的都市，這使鄉居的老人要外出看病，就發生交通不便的問題。有些老人有可能因交通不便而延誤就醫時間與機會，造成醫療保健上的落差。近來在鄉村中發展出專為接送鄉居老人到外地醫院看病的私人交通服務，定時到家接送，多少改善老人必要的交通問題。但因接送服務收費不低，支付不起的老人也常望之興嘆。地方政府發展救護車的制度有效改善鄉居生病老人交通的福音，但因只能服務行走不便的老人，一般還可行動的老人仍只能期待在外子女的協助。

參考文獻

陳國明，陳雪華，2005，《傳播學概論》，巨流圖書公司出版。

黃運貴，2013，交通部公路總局102年年報。

黃振家、宗靜平等譯，2007，《大眾媒體研究導論》，學富文化出版。

第十三章
孕育民主觀念健全民主制度

一、熟悉民主觀念與制度是現代國民的權責

（一）政治民主化是世界的潮流

　　世界各國的政治普遍都趨向民主化，原來不少專制的國家有的解體，如蘇聯，也有的走向較開放的道路，如中國大陸。解體與開放不僅限於經濟制度的改變，在政治制度方面也必然會趨向民主化，主要動力都因人民的要求與衝擊，使執政者不得不考慮改革。

（二）民主化建立在天賦人權的理論基礎上

　　民主化是現代國家人民的權責，這種權責的觀念趨向天賦人權的學說，這種學說起源於西元前六世紀的居魯士文書，到古希臘羅馬時代衍生出理論，而後經文藝復興及十八世紀荷蘭、英國、法國等思想家的發揚，將人生的自然權利擴及包含了生存權、生命權、自由權、幸福權及財產權。這種人權學說逐漸演變成近代歐美國家的政治民主化。人的自然權基於人為理性動物的觀念，而民主制度是由設立政府來保護此種權力的制度。

　　人有保護自己、自由平等的權利，也有責任讓渡一部分權利，這種讓渡也是自己的責任。為能有效保護社會上眾人的權利，則必須制定一套規範或法律，供人人遵守，遵守這些規範與法律也是人人應盡的責任。

（三）民主化政治為能保護人權

　　民主化是一種政治觀念與思想，也是一種政治制度，強調政體

由人民支配，人民是政治的最高主體，由人民直接或選出代理人來加以管理或治理有關眾人的事。

　　為能實踐政治民主化，在制度上發展出多數裁定原則，以及保護少數人權的原則，也由制定憲法來規範有關人民與政府權責的各種法律之依據，並且制定公平的選舉制度，選出代表人民來執行人民的政權及政府的治權。

（四）民主政治由國民全體共同維護

　　政治要能民主化，需要國民全體共同維護。政治人物為了自己的野心和私欲常會有違背民意的動作與行為，人民必須加以監督及矯正。人民本身要求權益時也必須遵守分寸，必要有所約制，只在權利的範圍內取得，不可超越此一範圍。必經全體國民對民主政治的真義有所體認，並能共同約制與維護，民主政治才能長存並有功能。

二、由選舉學習民主制度

（一）選舉是政治民主化的一種制度與方法

　　做為制度，則選舉還包括許多的相關事項與規定，包括候選人如何產生、選區的規定、投票的方式、當選人數等；做為方法，則選舉可用投票、舉手表示等方法進行。其中投票的方法又可分為記名與不記名投票、現場或通訊投票等不同的細節。

（二）由選舉學習政治態度與主張

　　鄉村人民從選舉中能學習到的最重要事項是政治態度與主張。候選人為了能獲得選民的支持，必須表明政治態度與主張當成政見，選舉人或投票人從其發表的政見決定是否支持，也從政見發表中學習到政治知識，受其啓發而加強或減低自己某特定態度或主張。

　　在臺灣各種層級與類別的選舉中，候選人的政見包羅萬象，但大眾最為關心的是與中國的關係，且分靠攏或排斥兩大極端，亦即形成藍綠兩大色彩，其中的藍派由原來極端反共到今日的聯共，綠派則始終排共。兩大政治態度與主張背後都有一定支持者，到了最近突出第三種態度與主張，即不分黨派與跨越藍綠，宣稱自主與超越。不同的政治態度與主張結合成較固定的組織體，即為政黨，目前的第三勢力尚無政黨組織，卻用無黨或不分黨籍聯盟做為號召，是另一類的組織體。

（三）從選舉中辨識政客的面目

　　鄉村人民從選舉的過程中，也逐漸學習到一種民主政治知識是，辨識政客的面目。較下階層的選民少有了解政客的概念，卻也能了解有些候選人的動機雖然口喊為民服務，其實都是以自己的利益為目的，而且此種政治人物占了大多數。選民逐漸看清楚這種政治人物的本質之後，逐漸形成不信任感，但是到了選舉，民氣還是被吵得熱鬧滾滾，洶湧澎湃。看來好像從選舉中辨認出政客的面目，但實際上並不能完全拒絕政客。

三、由媒體資訊大開政治的意識與眼界

（一）媒體傳播政治資訊的角色重要

　　鄉村人民孕育民主觀念與學習健全政治制度的管道與方法，主要包括從候選人的口頭言論以及從媒體傳播的資訊得來，尤以後者的重要性逐日增強，候選人的口頭言論有經由與選民面對面的溝通，但更多經由大眾媒體表達。

　　媒體的角色除了傳達政治人物的政治態度與意見之外，傳達政治理念的評論則更為重要，評論者不少本身並非政治人物，卻有敏銳的政治眼力與思想，故針對政治人物的言行加以解剖與分析，帶給選民的政治觀念與知識，常不低於參選者。

（二）媒體傳達的政治論點甚為多元

　　媒體上的政治資訊傳播者包括多種角色的人物，傳達的政治論點也極為多元。重要的傳播角色有新聞播報員、名嘴、政論家、政治學者，以及檯面上的政治人物等，而其表達的多元政治論點可分為內涵面向及立場觀點兩大方面。就內容面向看，包括內政與外交，內政方面包括經濟、社會、政治、文化等，外交方面則包括兩岸關係、世界局勢及外國的政治事件等。

　　就政治觀點看，常以支持及反對執政團隊的意見做為焦點。這兩種意見或觀點也常與政黨意識或立場有密切的關聯，以目前情況而論，傾向國民黨立場者，比較支持馬政府，傾向民進黨或其他偏綠政黨者，都比較反對馬政權。

（三）媒體的政治資訊影響民眾的政治態度

　　媒體的政治資訊包括對政治事實的報導及政治言論的表示，都會影響民眾的政治態度，受到影響的民眾，有可能將資訊照單全收，也有經過自己的分析判斷後決定接受者。民眾受到媒體的影響後常會決定自己的投票行為，以及對政府及各個政治人物的支持度，最終都會化成政治後果落實到每個人民的損益上。

四、切身體會政治的效益與禍害

　　政治是有關眾人的事，一切政治的運作都會影響到每個人得到利益或遭受禍害，因此個人對於政治不能不關心，尤其對於政治人物的作為更不可忽視，因為政治是政治人物操弄出來的。有關政治對個人後果的性質可分成幾點說明。

（一）政策是影響人民利益與禍害的要素

　　民主國家的政治運作過程主要由政治人物提出政策，交由立法機關立法，再由行政機關依法行政。政治人物中愈高層者愈有權力影響政策的制定及立法的過程。具有民主素養的政治人物提出政策的來源與依據，主要得自人民的意見，實施後對人民有益；但民主素養差的政治人物，制定的政策可能有違民意，形成並實施之後，則可能對人民造成禍害。

（二）各種政治影響以經濟影響對人民生活的衝擊最直接

政治的影響面很多，包括經濟的、社會的、法律的、政治的、文化的等，其中以經濟影響對人民每日生活最為直接有感，影響的層面也最廣泛，幾乎無一國民不受其影響。好的經濟影響可使人民的物質生活水準提高，素質變好，不好的經濟影響使人民的物質生活水準下降，素質變差。經濟影響包含人民的食、衣、住、行、育、樂等基本生活項目，因此最受人民所重視與注意。但有學者將經濟效益視為是社會效益的一部分。事實上對於不同層面政治效益的感受會因每個人的遭遇與立場不同，而有不同感受。政治犯感受到政治的後果可能比經濟後果更為重要，更為直接。

（三）同一種政策對不同的國民影響可能性不同

因為不同國民的處境與立場不同，同一政策對不同的個人與不同的族群影響可能不同。對某甲或甲族群有益的政策或政治活動，對某乙或乙族群可能無益，甚至有害。因此不同的政治人物乃至國民對於政治常有紛爭，除了對國家人民政體是否有益或有害會有紛爭，對本身利益與禍害的影響不同也會有爭端，最後政治常在多方面折衝妥協下定調並推行。

五、政治立場趨向多元化

民主政治容許不同立場與聲音的存在，因此一國之內不同國民的政治立場常趨向多元化。臺灣多元政治立場的較重要及較為明顯

的面向有如下幾點，鄉村人民經由學習與接觸的過程也都有所知覺
與感受。

（一）族群不同的立場差異

臺灣的人民由多種族群構成，重要者有原住民、明清時期自
中國來的移民、戰後來自中國的移民，以及晚近因通婚移入的外籍
人民，早期移民中又有河洛人及客家人之分。不同的族群常用的語
言、生活習慣及背後的社會關係不同，要求的利益各不相同，形成
的政治立場也常會有所不同。原住民較明顯的立場是要求保有山地
的所有權及使用權。先期與後期來自中國的移民之間，最大的不同
政治立場是傾向獨立自治與傾向接受中國統治之分。外籍移民的主
要立場是要求能縮短歸化時間，早日取得平等權利。

（二）職業不同的立場差異

職業是國民中分化程度最高的一個面向，有人務農，有人做
工，有人從事經營企業，有人擔任公教職務，有人從軍，有人從事
娛樂工作或文化事業，不同職業的人牽連的權利義務結構不同、政
治要求不同，立場也就不同。每逢選舉時，有關公務人員的優惠福
利、企業界的稅賦水準，以及傾中或反中的政治意識與立場都有分
歧，因此也都有激烈的紛爭。

（三）貧富差距的立場差異

臺灣人民的貧富差距不小，且有愈拉愈大的趨勢。貧富程度
不同的人對於各種稅賦的標準與計算，對於產業的優惠政策，都會

因為與切身的利害有關，因此會有立場與意見的差異，明者透過公
開的場合表白，暗者運用賄賂布樁的手法，交結政治權力，左右政
治，影響或改變政策，符合自己利益。鄉村人民的貧富程度多半處
於下層地位，對於政治的影響力小，常在政治立場上處於不利地
位，政治立場也會比較傾向反對保護富人的立場。

六、面對賄選心中逐漸篤定

（一）民主化初期賄選問題嚴重

比起政治民主化成熟的先進國家，臺灣的民主政治在經歷上
還算很粗淺，以往每逢選舉賄選的問題相當嚴重，至今仍會不斷發
生。鄉村人民因為相對貧窮，收取選舉賄賂的情形也較普遍，對於
理想的民主政治常有破壞與阻擾作用，到頭來自己的利益也常被施
惠的政客所掌控與左右，自己收到一些小賄賂卻失去較大利益。

（二）隨著政治知識與心得的累積對於賄選漸有對策

鄉村的選民對於賄選，逐漸有自己的對策，從最早地完全接
受，逐漸減低接受；接受後的實際投票行為，也由守信回報變成收
賄與投票不一致性。在此情形下，賄選對選舉結果的影響雖然降
低，但仍會有影響。必須要到賄選完全終結，選舉才能完全反應民
意。

（三）逐漸有人檢舉捉賄

　　鄉村人民極端厭惡賄選者，也逐漸有人出面檢舉賄選，甚至直接捉賄。這種行為者可分為兩大類別，一種是屬於不同政治立場，只努力檢舉及捉拿與自己不同立場候選人的賄選行為。另一種是絕對厭惡賄選行為，不分政治立場，見行賄就檢舉追查與捉拿。

（四）賄選逐漸失效，政治選舉逐漸健全

　　當鄉村人民心中對於賄選逐漸有正確的觀念、看法與篤定不接受時，臺灣的民主政治也逐漸在成熟，逐漸會出現賄賂者落選，甚至被判犯法坐牢，對於嚇阻賄選也發生有效的作用。但是近來出現賄選有兩種少有的現象，一種是不由候選人賄選，而是由其背後的政黨或特殊政治集團出資協助某特定候選人而行賄；另一種是賄選發生在一連串選舉的後半段，亦即發生在由選出的民意代表選舉議會議長等上層選舉中。傳說中，此種賄選每票的價碼常高達千萬元以上，非基層選舉每票千元或數千元的價碼所能比擬。不過由於媒體資訊的發達，此種賄選行為終會為人民理解其不正當性，而被唾棄。鄉村居民對於賄選能有較正確的認識，心中也會逐漸篤定，不會再接受與支持此種民主政治進步的絆腳石。

七、逐漸減低害怕政治的心理

（一）臺灣鄉村人民長期對獨裁政治戒慎恐懼

　　臺灣自一九四九年五月二十日至一九八七年七月十五日，全境

實施戒嚴令，長達三十八年之久。政治獨裁，人民無集會、結社、言論及旅遊等的自由，也實施黨禁、報禁、海禁及出口旅遊禁等。政府對共產黨人及政治上的異議人士進行逮捕，用軍法審判、關押或處決。政府對員工實施連坐保證制度，未有保證人具保者不予僱用。經歷漫長的政治戒嚴，臺灣人民對於政治戒慎恐懼，一不小心就可能入獄坐監，甚至被槍斃殞命。

（二）解嚴後人民減低對政治的恐懼

至一九八七年政府宣布解嚴，軍事管制範圍縮減，行政、司法機關職掌普遍擴張，山地管制區也減少，海岸防哨撤除。平民犯罪不受軍法審判，人民入出境及出版的管理改由警察機關及行政院新聞局負責。報禁開放，報社及報紙張數都增加。至一九八七年，解除黨禁，准許人民組織政黨。解嚴後許多行政事項依法行事。

解嚴後，臺灣的政治走向民主化，成立新政黨，廢除箝制性的法案及政治制度，選舉範圍擴大。思想不再受管制，言論開放自由，政治犯大幅減少，人民逐漸不再害怕政治，甚至逐漸對政治的參與產生興趣，投票選舉及登記參選者都逐漸踴躍。民意代表在議會發言享有豁免權，人民也可批評政府，不再害怕政府會再羅織政治犯與思想犯，人民常把媒體政治評論或批判當成娛樂節目觀賞。

在政治趨向民主化的過程中，鄉村人民不再害怕政治，逐漸認識政治對切身的重要，乃變為逐漸熱中政治，包括投票選舉，也有一部分人參與競選，逐漸增進民主政治的觀念與意識。當最高的國家領導人做錯了決策，人民也敢公開批評，逐漸不再擔心有人密告而被捕入獄。

八、也知抗議與投訴

（一）抗議與投訴是受委屈者的反應與權利

　　人會抗議與投訴常是受到委屈的反應，也是一種掙扎的權利。抗議的對象是引發及造成苦主損失或悲慘遭遇之個人、團體或機關，也可能包括政府在內。投訴的目標常是有權力裁定抗議的第三者，也包括公正的政府、媒體或社會大眾。抗議與投訴的目的是為了能解除或減輕冤屈，取回應有的權利。抗議與投訴的方式則有多種，歷史上常用攔路遞狀，今日常看見聚眾示威遊行、訴之媒體、報警處理，或向法院申訴。人們受委屈時，知所抗議與投訴，在社會政治氣氛上有幾個前提：第一，社會政治開放，容許抗議與投訴事件發生，不致將抗議者與投訴者以擾亂社會安全或政治安定治罪。第二，社會上有公正的人士或機關可有效裁定抗議或訴求事件。第三，社會上會造成委屈事件及受害之人。

　　當今在臺灣整個社會及鄉村地區，這三種可能形成抗議與投訴的因素同時存在，因而偶爾會發生引人注目的抗議與投訴事件。

（二）鄉村地區較常見的抗議與投訴原因

　　鄉村人民重要抗議與投訴的原因有三大項：

1. 環境受汙染與毒害。

　　鄉村的自然環境本來都很清潔乾淨，但自從工業發達以後卻很容易遭受工業汙染與毒害。重要的汙染與毒害來自工廠排放的汙水與廢氣，常會毒害鄉村人民的身體健康、栽種的農作物、養殖的家

禽家畜及漁產貝類等,造成生命及財產的損傷。鄉村人民以本身的力量常很難直接向汙染製造者的工廠主討回公道,不得已只好訴諸媒體,或向政府主管機關或司法機關投訴。

2. 因農業受政策不當造成的傷害。

不當的政策最可能是過度開放外來的農產品,及強制徵收農地,造成當地農民的受害與損失。政策上對於農業災害處置不當,也會擴大災害及損失。當政策發生錯誤以致造成鄉民受害時,鄉民抗議的對象可能是政府,而投訴的目標可能是媒體及社會大眾,藉媒體及社會大眾的同情,向政府施加壓力,促使政府改變與調整政策,或賠償鄉民的損失。

3. 因就業主無理黑心以致失業或損失。

近來許多鄉村居民在附近的工廠工作就業,卻有黑心無理的工廠主會有對待員工不公不義的動作與行為,造成員工失業或受損,員工常會集體抗議,要求廠主合理解決或要求政府介入主持公道。

九、也有村民競選參政

鄉村人民接受政治民主化的洗禮之後,也有村民參與競選並參政,但是參與的層級並不很高,以地方基層公職較為常見。較常見的參選職位包括農會或水利會的代表及理事或理事長、鄉鎮區民代表或首長,及縣市議員等。

參選者理念正確、手法適當者,固有不少,但也常見為求勝選取心切,在手法上會有賄選或以黑道手法恐嚇威脅選民投票者,但

是此種不當爭取選票的方法有逐漸受到阻止的趨勢。

　　競選參政表示參與民主政治的行動，比參與投票選舉提升一級，候選人若都能學習到正當的競選方法，便可使民主政治過程更加成熟與進步。

十、參與社會運動接受自主啟蒙

　　鄉村人民受到都市居民熱烈參與社會運動的影響以及各地政治人物的鼓吹，常在重要的社會運動中不缺席。在全國行政中心的臺北市，遇重要的社會運動場合，常見有中南部的鄉村居民包車前來參與響應，其中不少是自願組成的，也有由各地的民意代表發動召集的。

　　鄉村人民參與社會運動，藉以表示自己的立場，接受自主思想與觀念的啟蒙，不再將自己的命運完全託付給政治人物。社會運動逐漸發展成為全民監督政府的政治運作模式，對於政治人物的主張與行為會產生約制的作用，不使其胡作亂為，這是政治民主化過程中一種較激烈卻也較有效的方法。

參考文獻

胡佛，1998，《政治變遷與民主化》，三民書局出版。
若村正丈著，洪郁如等譯，2014，《戰後臺灣政治史 —— 中華民國臺灣化的歷程》，國立臺灣大學出版中心出版。

張世榮著，2005，《選舉研究——制度與行為途徑》，新文京出
　　版社出版。

第十四章　改善醫療衛生與福利制度

一、鄉村醫療衛生與福利結合的意義

　　臺灣的中央政府組織於二〇一三年七月成立衛生福利部,將原來的衛生署及內政部社會司合併而成。此一機構掌管全國最高醫療衛生與社會福利事務。醫療與衛生的關係本來就極為密切,人不衛生就容易患病,就需要醫療,因此自很早醫療與衛生就結合在一起,至於醫療衛生與福利結合在一起,基本的意義是因為兩者都是民生的重要課題,又兩者互為影響的程度很高。當醫療衛生表現欠佳時,人就容易患病,常需要補充醫療衛生服務,也需要補充社會福利措施,使能減少或克服疾病,增進健康。

　　近來臺灣的醫療衛生制度走向全民健保,具有很高的社會福利意義,使許多鄉村中的窮人也有能力看病,對增進鄉村人民健康的成效居功厥偉。本書在討論臺灣鄉村新角色與新出路時,將醫療衛生與福利相提並論,極具意義與必要。

二、消除迷信及巫醫的現代化意義

(一) 曾經迷信及求巫醫治病的時代

　　筆者在小時候見到左鄰右舍的村民普遍都很迷信,也常請巫醫治病,耽誤不少人的健康與生命。當時鄉民患病時會迷信及請巫醫治病的行為,有其愚昧之處,也有因為醫生數量偏少,醫療設施與服務不夠普及的不得已情形。

　　經由迷信及求巫醫治病的偏方很多,有用祭拜、改運、冥婚、

求神、問卜等非醫療方法治理者，也有由飲符水或服用草藥及各種丹膏等祕方者，都無科學根據，或所據偏差，往往無法真正治好疾病，常使病情加重加速，以致可能病入膏肓，終至無可救藥。

（二）進入現代化的科學醫療時代

到了近代，臺灣鄉村社會的醫療衛生制度與行為進入現代化與科學化的時代，迷信與巫醫的現象已經少見。人民知識水準的提高，以及政府採取正確的管理，都是改變的重要原因。在現代化的科學時代，人民有病的正確治療方法是看醫生，經由精密的診察，找出真正病因，再對症下藥。隨著醫學不斷進步與發達，各種疾病的治癒率不斷提高，人民的生命因為誤醫而喪失的情況已不多見。

（三）社會學觀點的醫療現代化提要

現代化醫療方法也是科學的醫療方法，是很複雜精密的概念與內容。就社會學的觀點而言，醫療現代化是指由現代化西方社會的現代醫療搬運到開發中社會的過程。這種現代醫療具有許多特性，其中可計算性（calculable）、商品性（commodity），及具有現代性的象徵意義，都是重要的特性。其中現代性的象徵意義包括拒絕傳統、崇尚個人主義、自由、平等、社會性、科學性、技術性、合理性、專業性、工業化、都市化、世俗化、民主化、教育化、藝術性、科層化、正式性等。現代化的醫學及醫療方法也都具有上列多種現代性特徵。

三、追求進步的醫療衛生觀念與行為

　　鄉村人民在改善醫療衛生的過程中，由迷信巫醫，變為追求進步的醫療衛生觀念與行為，這種變遷包括三大要項。

（一）相信就醫才是有效療治病痛的方法

　　鄉村居民因為看到受傷疾病的人經過到醫院求診就醫手術服藥之後都可痊癒，信心大增。當自己罹患疾病或受到外傷時，都不再拒絕進醫院，接受醫療，包括門診及住院，也包括各種檢查與診治。對於醫療少有懷疑與害怕，也逐漸捨棄迷信各種巫術或宗教治療的方法，比較傳統草根的治療祕方，也逐漸少有人再相信與使用。

（二）重病講究到大醫院求名醫治療

　　鄉村人民有病不但逐漸普遍就醫，罹患重大疾病時，也逐漸講究到大醫院並求名醫治療，這種變遷除了自己心理上有較正確的認知，也因健保制度使患者較負擔得起醫療費用。

　　但是鄉下人到大醫院求名醫並非無困難，第一困難是旅途遙遠，就醫過程較為費時費錢；第二是名醫難求，缺乏門路，常因掛不到號而無法達成心願；第三，大醫院病床也難求，進急診常被院方置放在走道，環境嘈雜擁擠，不適合治療的良好環境。

（三）吞食各種健康營養食品

　　隨著醫學科技的進步，市面上也充斥多種健康營養食品，鄉村人民也很深信這些食品的效能，經常購買吞食，多半對身體健康會有益處，但也曾經發現無用甚至有害者。但畢竟這是一種追求進步衛生的觀念與行為，追求者多半也能獲得健康的保護與促進。

四、增進醫療設施與服務

　　臺灣鄉村醫療設施與服務有增進的趨勢，這種趨勢也存在於全台醫療設施與服務增進的趨勢中，且能從若干醫療統計資料的變化具體見之。本節列舉幾種重要統計變化資料，並說明其意義。

（一）各地區的教學或中心醫院都能照顧到區域內的鄉村民眾

　　臺灣在各大區域內都設有一所或多所較大型綜合性的教學或中心醫院，這些教學或中心醫院都能照顧到區域內的所有民眾，包括住在都市與鄉村的人。從北到南與東部，重要的中心或教學醫院為數不少，以北區最多，臺北有臺大、北醫、馬偕、新光、長庚、榮總、耕莘等；中部有中國醫大附設醫院、中山與秀傳；南部有成大、奇美、長庚、高醫等；東部則有慈濟、門諾等。此外，各大多數都市都有署屬醫院，規模也都較大。這些較大型的醫院，醫護資源相對較為豐富，設備也較齊全，能服務的患者較多，能治療的疾病也較多樣，不少鄉村居民罹患重症時，這些醫院也都較有能力照護。

（二）醫院數目減少

依照衛生福利部統計的資料，自民國八十四年（實施健保年）至一〇一年，全臺灣醫療院所數由一萬六千一百零四所增加至兩萬一千四百三十七所，共增加33.1%，但其中名稱爲醫院者減少，由七百八十所減至五百零二所，其中以中醫減少程度最多，共減少85.9%，此因健保實施後，患者有病較多找西醫治療。

（三）診所數量增加

自實施健保後全台灣診所由一萬五千三百一十七所增至二萬零九百三十五所，共增加36.7%。診所增加顯示醫療設施更加充實。各鄉鎮街上的私人診所數量也都有增加的趨勢，隨著數量的增加，分科也較多元，且各鄉鎮區都有一所公立的衛生所。診所多，可照顧的人數也較多，當地居民的就醫率也有提升的趨勢。

（四）執業醫事人員增加

自民國八十四年至一〇一年，全臺灣醫事人員由九萬七千兩百五十七人增至二十一萬七千七百八十一人，共增加123.9%。其中醫師由三萬四千三百一十一人增至五萬九千零一十七人，共增加72%；藥事人員由四千五百三十三人增至一萬五千五百九十四人，共增加244%；護理人員由五萬兩千四百九十九人增至十一萬七千八百七十九人，共增加124,5%；醫事放射及醫事檢驗人員由五千六百一十三人增至一萬兩千四百九十七人，共增加122.6%；物理及職能治療人員由九十年的三千六百零三人增至一〇一年的八千零五十三人，共增加123.5%；營養師由兩百九十八人增至

一千四百四十人，共增加383.2%；其他職業醫事人員由三人增至三千三百零一人。全部共增加十萬九千餘人。各類醫事人員的大幅增加也反應每萬人口執業醫事人員數也都有增加的趨勢。在民國九十年至一○一年間，每萬人口醫事人員數共增加30.1人，其中護理人員增加17.5%，每萬人口醫師數增加6.0人，這表示醫療服務更加周全。

（五）醫療院所病床數也呈增加趨勢

自民國九十年至一○一年全臺病床數共增加26.0%。在一○一年時，各縣市每萬人病床數前六名排列的順序是嘉義市153.6床、花蓮縣134.3床、宜蘭縣93.2床、臺北市92.3床、高雄市75.5床、臺中市75.0床。一般在大都市的總床數都明顯較多，但因人口也多，故也顯得擁擠。由病床數及每萬人病床數增加的趨勢，更顯示醫療服務與照護有更周全的趨勢。

（六）醫院醫療服務量也都呈增加趨勢

在民國八十四年至一○一年間，每家醫院每日平均門診數由373.7人次增加至775.2人次，急診由16.2人次增加至40.9人次，門診體檢由5.0增至29.0人次，洗腎由7.1增至28.4人次，手術由5.1增至11.5人次。醫療服務增加的情形由此也可明顯見之。

（七）鄉村醫師的素質普遍也有提升

過去較早時期，鄉村醫師的素質參差不齊，其中不少是不甚合格者。隨著醫學教育的進步，培養出來的醫護人員的素質普遍都有

提升的趨勢，至今幾乎已經完全沒有不合格的赤腳醫師，亦即未受過正式醫學訓練，又未獲得醫師執照者。

（八）就醫率普遍提升

過去的鄉村居民有病不醫者為數不少，比率也高，晚近則就醫率普遍有提升的趨勢。除了醫療的供給方面增加，促使需求增加之外，更因鄉村居民就醫意願提升之故。當鄉村居民普遍提升就醫意願之際，就醫率也必然提升。今日鄉村民眾有病時，少有不看醫師醫療者。

五、鄉村公共衛生的發展

（一）公共衛生的定義

社會上的許多人對於公共衛生的定義不很清楚，在討論鄉村公共衛生發展之前，有必要對此一名詞的定義加以釐清。

參照耶魯大學Winslow教授所下的定義，「公共衛生是一門預防疾病、延長壽命、增進身心健康與效率的科學與藝術，經由有組織的社區力量從事環境衛生、傳染病管制、個人衛生教育、組織醫護事業，以利早期診斷與治療疾病，進而發展社會機構，以保障人人均有足以維持健康生活的水準。」依此明確的定義，我們對於鄉村公共衛生發展的重要面向與內容就可較容易掌握到要點。依照上列的定義，臺灣鄉村與全國公共衛生發展可從本節如下各種簡要的說明及統計資料見之。

（二）全面的公共衛生發展包括如下要項的發展

1. 衛生行政發展

包括衛生組織、經費、法規、各項指標等的發展。

2. 疾病防治發展

包括法定傳染病防治、應報告傳染病防治、其他重要防疫工作，如烏腳病、寄生蟲等的防治、檢疫、預防醫學研究、生物制劑等的發展。

3. 國民保健發展

此類公共衛生發展包括保健服務、健康維護、健康促進及精神疾病防治與心理保健等的發展。

4. 醫療照護發展

此類發展內容包括醫政管理、醫療設施、醫事人力、醫療品質管理、醫療網、醫院評鑑、專科醫師制度、緊急醫療救護、復健醫療及長期照護、山地離島醫療保健服務、醫療發展基金、醫療資訊網等的發展。

5. 中醫中藥發展

包括中醫中藥行管理、促進中醫中藥現代化、中醫中藥學術研究等方面的發展。

6. 食品衛生發展

內容包括食品衛生行政組織的變革、食品衛生管理法之制度及管理方法之建立、食品衛生管理方案與計畫之執行、輸入食品之衛生管理、食品添加物的管理、食品業衛生管理、公共飲食衛生管

理、食物中素防治、營養工作之推動、食品檢驗等。

7. 環境衛生發展

包括環境衛生行政組織、社區發展、飲用水管理、廢棄物管制、公害防治、衛生營業管理、環境衛生人員訓練。

8. 全民健康保險

全民健保的規範、全民健保的立法、全民健保實施等方面的發展。

9. 衛生人員訓練

包括加強農村醫療保健與醫療網計畫之人力訓練、設立全國衛生人員研修中心、行政院衛生署預防醫學研究所、流行病專業人員訓練班、行政院衛生署藥物食品檢驗局衛生人力發展中心、全國護理人員研修中心、各縣市衛生局等。

10. 衛生企劃、研究發展、國際合作與資訊

包括施政計畫與研考業務、研究發展、設立國家衛生研究機構、衛生圖書出版、國際衛生合作，及建立衛生資訊網。

上列各種公共衛生事項在過去都有顯著的發展，多種傳染疾病都已受到有效的防止與控制，人民衛生習慣也大有改進，唯在晚近發現食品安全上出現較多問題，出現許多違安食品，可說是公共衛生發展上最大的恥辱與遺憾。

（三）鄉村是公共衛生發展的受益者也是問題的受害者

鄉村地區在公共衛生方面是受益者也是受害者，各種公共衛生的進步與發展都可使鄉村地區的人民直接受益，但是一旦發生問題

時，又常是最嚴重的受害者。許多劣質低價的有毒食品常是以較貧窮的鄉村人民爲主要銷售對象，使其受害也最直接嚴重。禽流感、豬的口蹄疫等流行疾病，致使雞鴨及毛豬大量死亡，受害最大的是養殖的農民。工業廢水汙染最終端的受害者常是農民及養殖漁民，造成農漁產品遭受毒害、死亡或燒毀，損失也很慘重。

六、營養保健促使人口老化

（一）注重營養保健的趨勢

　　近來全國人民包括都市居民及鄉村居民，都逐漸注重營養保健，重要的行爲表現相當多元，重要者包括探取營養保健知識、養成營養健康態度、飲食健康食品、注重養生休閒運動、大飯店聘請營養師調配健康營養食譜。大學設立營養保健學系，開設相關課程，從事相關研究，接納及推廣公共衛生促進營養健康等，對於人民的營養與健康的促進都有良好的效果。

（二）促使人口老化

　　人民營養健康條件改善，生命延長，終會促使人口老化。根據內政部公布，在二○○九至二○一一年第十次人口普查的結果，全國人民平均餘命爲79.12歲，其中男性75.96歲，女性82.47歲，較一九九九至二○○一年普查時，男性增加2.17歲，女性增加2.84歲。

　　臺灣人口平均餘命的延長，致使老年人口比率增加，至二○

一三年底，滿六十五歲以上人口共有兩百六十九萬人，占11.5%，在近十年內增加33.9個百分點；在二○一三年時人口老化指數為80.5%，比全世界的30.77%及開發中國家的20.69%都高出許多，但較日本的192.3%、德國的161.5%、加拿大的93.75%等開發國家則較低，但比其他若干開發國家如美國的73.68%、南韓的68.75%及新加坡的62.50%等都較高。

　　人口老化按縣市區分，若干鄉村縣分的問題相對更為快速，嘉義縣137.26%最高，澎湖縣117.04%次之，雲林縣92.37%居第三位。主要因為年輕人口外流相對較為嚴重，出生率也較低。

七、社區基金與福利制度的形成

（一）社區基金的可能來源

　　臺灣有些鄉村社區可能會有基金來源，可用於社區福利事業上。可能的社區基金來源約有四種，第一種是社區中的寺廟獲得的香火錢轉換一部分為社區建設與福利基金；第二種由外界捐贈，可能捐獻者有私人或機關組織，後者如當地農會、臺電公司，因設電廠及大型工廠或公司等的回饋金；第三種是政府提供地方建設的公務預算；第四種是向社區居民收取或由其自由捐贈的款項。

（二）設立管理組織負責基金的運用

　　若有基金進帳的社區，通常都會設置管理委員會，負責保管及使用計畫。社區基金的使用目標多半分成兩大類，一類是較積極

性的公共建設，如建設社區活動中心、修建寺廟、整建學校、增添社區設施等。消極的則是用之於社區的福利制度上，如用於救濟貧戶、提供清寒獎學金，以及用於老人或疾病者的醫療照護福利上。

（三）社區福利制度的形成與運作

鄉村社區由於福利需求相對較多，但政府提供的福利措施卻相對缺乏，因此社區可能以內部的資源創設必要的福利制度，包括社區福利基金、社區內氏族福利組織，或寺廟福利組織與制度等。這些福利性的組織與制度都限定在社區內運用。所謂社區有僅限於村里，也有擴及整個鄉鎮者，重要的福利事項包括救濟、獎勵、補助等，提供的資源可能包括資金或物資，也有可能提供勞力或技術支援的情形。

八、對健保制度的體驗與檢討

臺灣的健保制度對鄉村居民而言確是一大德政，鄉村人民因為所得偏低，繳納的保費偏少，卻大大提升看病的能力。在未實施健保制度以前，不少鄉村人民因為經濟能力差，有病看不起醫生，以致會失醫、延醫或誤醫，也因此會傷害健康或損失生命。

實施健保制度使鄉村居民看病的勇氣增加不少，能力也提升很多，患病時都會較用心也較認真就醫，的確能救回健康與生命。

鄉村人民對於健保制度的檢討要點也與一般社會大眾同樣，都對二代健保較有意見。對此制度較多批評的方面有兩要點，第一點

是彌補一代健保虧損，虧損的原因有些令投保者不能了解，或覺得不可思議，包括浪費及大行政單位賴帳不繳；第二點是抽取百姓的存款利息，造成不少存款者感到不滿意。

九、實施老農津貼落實福利政策

老農津貼始於一九九八年十一月，開始時每月領取三千元，到二○○三年十二月調高至四千元，二○○五年十二月開始每月可領五千元，二○○七年八月調高成每月可領六千元，至二○一一年十二月每月調高至七千元，二○一三年實施排富條款。

每月七千元的老農津貼對住在鄉村的農民而言，是很重要的收入及生活來源，不少人每月的生活費用就全靠這筆津貼，常被老農比喻勝過生一個兒子的報酬。農民從內心能感受到政府所給的福利，以此津貼看得至為重要，被每位老農所珍惜。但是投保農保的門檻太高，使不少農民都無法辦理農保，因而也享受不到每月七千元的福利，也是一種遺憾。

十、社會福利的弱勢與強化

鄉村地區社會福利相對弱勢，一來是鄉村地區政府的財政營收較差，影響社會福利的預算較為不足。二來相對較少有私人興辦社會福利事業，於是社會福利供給都較不足，許多需要社會福利贊助的個人或家戶，得不到應有的照護。常見鄉村地區老人申請居家服

務時，因為政府預算不足而未能按時照准，鄉村社區康樂中心的設施也都相對簡陋。

　　面對鄉村社會福利的相對弱勢，今後有必要特別加強。從公部門方面加強補救是最能立竿見影的措施，而要能加強鄉村地區的社會福利事業，必須全國財政收支的分配重新調整，由相對豐富的都市財政多分配到財政相對貧困的鄉村地方，也必須鼓勵私人多興辦鄉村社會福利專業。

參考文獻

張秀蓉，2012，《日治臺灣醫療公衛五十年》，國立臺灣大學出版中心出版。

行政院主計處，2014，醫療機構及醫事人員統計。

黃旐濤等著，2008，《社會福利概論 —— 以老人福利為導向》，心理出版社印行。

第十五章　應驗技術的功能與禍害

一、人文區位學原理的區位要素

　　人文區位學是研究人與自然關係的學問。鄉村是有人居住並活動在接近自然的地方，鄉村的人與自然的互動中卻免不了要使用到技術。美國人文區學家鄧肯（Ottis D. Duncan）提出一種稱為人文區位結叢的理論模式（Human Ecological Complex），指出這個結叢包含人口（Population）、組織（Organization），環境（Environmental）、技術（Technology）四要素，簡稱POET模式。此一結叢由四要素互動並結合在一起，不能有一項分離。

　　在人文區位結叢中技術與其他三要素相互影響，技術是三者變化的主因，也是三要素運作的果。本章為凸顯技術的重要性，比較強調其主動地位，也較多討論其為因的角色。

二、新農業技術的研究、推廣與使用

（一）鄉村的人自古就運用農業技術

　　鄉村的人主要生計靠農業，自古就運用技術經營農業，生產糧食，養活身體與生命，只是早前使用的農業技術都較粗糙簡陋，生產糧食等農業產品的效率較低，產量相對較少，品質也較差。早期的農業生產技術依靠人力操作的成分很高，可以分擔人力的主要動力為畜力，很少運用到電力等可較有效節省人力的技術。

（二）新農業技術的研究

　　因為農業技術對於人類的生計非常重要，到現代社會對於農業技術不斷努力研究，提升水準。重要的研究機關有大學農業院校、農業職業學校，官設的農業改良場、農業試驗所等機關，也有私設的農業技術研究室。最後一類多半由較有科學頭腦的農民或企業單位，試圖研究可提升產量或品質的高價位農產品，從中獲得較多利潤。近來常見有私人研究蘭花的栽培，以及白木耳與洋菇的菌類研究與試驗。

（三）農業技術的推廣

　　多半由官方研究出來的新農業生產技術都會推廣給廣大農民使用，中間的推廣過程都要運用組織的方法，例如設班開導研習，或到訓練機關進修講習。為能提供推廣的角色與效能，曾經在大學中設立農業推廣學系及研究所，培養較高階的農業推廣人力並研究各種有效的農業推廣觀念與方法。在國家層次也設有農民幹部訓練中心，培植可以間接推廣農業技術的農民幹部。在基層的鄉鎮區農會則都設有農業推廣股的單位，內設農業推廣人員，專司農業推廣任務，教導農民較新較進步的各種農業技術，包括生產的、運銷的與消費的各種技術。

（四）農業技術的使用

　　各種農業生產技術最終都由農民落實到生產、運銷及加工等實務上。近來也有企業界運用農業技術做較大規模生產、加工與運銷的情形，為能獲得良好的生產、加工及運銷效果，農民與農企業都

不斷使用較新的科學性技術。

農業技術的種類很多，較完整的分類觀點與方法是系統觀點，按照農業系統的畫分，對農業技術可作如是觀。

1. 系統之結構：包含投入技術、過程技術、產出技術。

2. 環境系統：包括土地系統、水利系統、風的系統、陽光系統、氣溫系統及人力系統等的技術。

3. 農業本體的系統：包括生產對象、產品用途、投入、發展模式、自給性、商業性等系統。各方面的系統也都有對應性的重要技術。

4. 農業研究系統：包括學校教育、校外教育、推廣教育等，也都會使用到不同的技術。

5. 政策系統：重要者包括生產政策、價格政策、消費政策、貿易政策。各方面的政策系統都可再細分，也分別牽連到特別的技術種類。

三、流行有機農業生產技術

（一）定義與流行背景

1. 定義

有機農業是一種較不汙染環境、不破壞生態並提供消費者健康與安全農產品的生產方法，也是一種遵守自然資源永續利用原則，不允許使用合成化學物質，強調水土資源保育與生態平衡之管理系統，並達到生產自然安全農產品目標之農業。依據聯合國所下的定

義，有機農業是指一種促進及加強農業生態系統健康的整體系統管理方法，其管理作業著重利用農場內部資源與物質，以及適合當地環境條件的管理措施，在其生產系統中應排除化學合成物質的使用。這種農業的中心理念在於視農業對應系統為整體生態系統的一部分，應注重可提升生態平衡的物質及作業方法，進而達到促進土壤、生物、植物、動物和人類等的生命共同體，相互依賴共存。

2. 流行背景

有機農業起源甚早，最先由德國人史迪奈博士（Dr. Rudolf Steiner）於一九二四年提倡，但到一九七○年代以後才漸受重視並流行。流行的重要背景因素有二，第一是一九七○年代能源危機以及環境受到汙染破壞，引起對地球上資源及環境保護的重視。第二是消費者對農產品消費型態轉向多樣化、精緻化，以及特別關注農產品的健康性與安全性，導致在最近有機農業或生態農業的蓬勃發展。

（二）認證制度

有機農業要能立足，必須經由認證制度，經由標章評審作業程序（CAS），亦即由驗證機構驗證後，在產品上貼上標籤，做為識別。臺灣目前認證機構共有四家，包括財團法人國際美育自然生態基金會、臺灣省有機農業生產協會、財團法人慈心有機農業發展基金會，及臺灣寶島有機農業發展協會，認證的農產品包括水稻、蔬菜、果樹、茶樹及其他作物。

（三）推動策略及實施方法

1. 推動策略

依農政機關的宣示，有機農業的重要推動策略約有五大項：(1)加強有機農產品生產技術及資材的研發，組成作物有機生產技術服務團；(2)推動有機農產品集團區栽培，並擴大有機農業經營面積；(3)加強田間及市售產品抽驗，落實有機農產品品質安全監測；(4)配合農產品生產及驗證管理法之立法；(5)推動有機農產品產銷履歷驗證制度，並建立與有機商店契約供銷合作機制。

2. 實施方法

有機農業的實施方法也有六大項：(1)提升農友有機栽培技術；(2)擴大生產面積；(3)加強田間及市售產品抽驗；(4)配合農產品生產及驗證管理法之立法，建構完整有機認證體制；(5)制定合理的法則；(6)強化農政與衛生單位合作。

（四）成果統計

至二〇一三年全臺灣實施有機栽培的客戶及種植面積，依不同作物區分，水稻有八百七十戶，面積共2058.97公頃；蔬菜一千零七十戶，面積共1957.23公頃；水果四百三十三戶，面積共有833.31公頃；茶葉兩百二十九戶，面積447.23公頃；其他（包含特種作物及雜糧）共三百九十六戶，面積為640.02公頃，合併共有兩千九百八十八戶，面積5,936.75公頃。近年來增加的速度相當快速。

四、啓用與應驗多項現代工業技術

（一）臺灣五個工業發展時期及其主要技術特性

　　臺灣自二次大戰以後至今，工業發展的過程大約分成五個不同時期，每一時期啓用與應驗不同的工業技術，其中不少工廠分布在距離都市不近的鄉村地帶。五個不同時期及其主要技術依其先後是：

　　1.一九四五～一九五二戰後重建時期，代表性的工業是製糖及農產加工業，也優先發展電力、肥料及紡織；

　　2.一九五三～一九六四進口替代時期，主要工業目標為勞力密集型及民生必須品的工業；

　　3.一九六五～一九七五出口擴張時期，設立加工出口區及開發鄉村工業區，其中鄉村工業著重勞力密集型產業；

　　4.一九七六～一九九○資本密集與策略性工業，前期目標著重發展中上游產業，如大煉鋼廠、造船廠及石化工業等，後期目標則發展策略性產業，包括二高、二大及二低。二高指附加價值高、技術密集度高；二大是指農業關聯效果大、市場發揮潛力大；二低是指能源密集度低、汙染程度低；

　　5.一九九一～現在，高科技工業時期，發展十大新興高科技工業，包括通訊、資訊、消費性電子、航太、醫療保健、汙染防治、高級材料、半導體、特用化學品及精密機械、自動化工業等。

（二）現代生物產業科技的發展

　　近來臺灣新興工業技術中，生物科技是很領先的一種，主要的

範疇包括七大類，即基因層次操作、蛋白質生物技術、細胞生物技術、微生物生物技術、環境生物技術、生物資訊，及生物科技的工業應用等。每一大類各可再細分成多種小類，這些生物科技可應用在四大領域，即醫療、農業、工業及環境保護等。

（三）工業科技對人類生活型態的影響

各種工業科技對人類生活型態的影響非常多元，不同的工業科技的特殊影響各有不同，但有若干共同性的重要影響是刺激高生產、高消費、追求流行，以及發達的資訊。工業科技的發達使人類的物質生活普遍都更加豐富與充實，但也常帶來汙染與墮落。

五、不良工業技術的隱藏、分布與危害

（一）工業技術的彰顯性功能與隱藏性問題

人類為了獲得功能而發明各種工業技術，這些技術都可將功能彰顯出來，但也都隱藏著一些問題與弊端。重要的問題與弊端在兩大方面，一種是技術程度拙劣、產品的品質粗糙，另一種是將技術應用到生產有害的產品上。就此兩種問題與弊端再略作較多說明於後。

1. 技術拙劣製造粗糙產品

不少工業主技術程度不足，或因資金不足，為了省錢，在技術方面都應用拙劣的方法，製成的產品品質都很低劣，消費者使用起來會發生不耐久、不美觀，甚至會有危險性。過去曾見有不良的塑

膠產品、不良的五金零件，以及不良的加工食品，都會令使用者受害。

2. 將技術應用到生產有害的產品上

此類工業技術以近來顯示發生在危安食品上，將惡質的工業油、餿水油等提煉成足以魚目混珠的食用油。技術不能說不良，卻明顯地誤用。類似的工業技術還有偽藥及毒品的製造，以及殺人武器的製造等。

3. 不良技術的隱藏性

上舉兩種不良的技術，都具有隱藏的性質，使用者常在暗中進行，不敢公然使用。不久前發現的有毒食用油的製造偷偷躲在偏僻的鄉下地方進行，不少毒品的製造地點也都十分隱密，東藏西躲，避開治安人員的耳目。

（二）分布情形

隨著技術的變遷與進步，不良工業技術有可能部分被淘汰，部分卻仍隱藏存在，甚至也因技術進步而水漲船高，變本加厲，分布更為廣闊。在此所指分布包括工業項目的分布及牽連空間的分布，將之說明如下。

1. 工業項目分布

不良工業技術被不法廠商誤用或刻意使用的項目，分布無所不在，各項工業都隱藏劣質或有害的生產技術與產品。塑膠類、五金類、紡織類、玩具類、食品類、建材類、藥物類、交通工具類，樣樣都有技術出包，製造出劣質或有毒產品的經歷與紀錄，造成消費

者的金錢、財物、健康，甚至是生命的損失。

2. 空間分布

　　此種分布包括使用技術的空間分布及消費產品的空間分布兩方面。工業技術的使用者主要是指廠商，空間分布的範圍從南到北，從城市到鄉村，從國內到國外，可說分布無所不在，但以分布在工廠密集的工業區內的案例可能較多，也可能分布在偏遠的鄉村地帶，或隱藏在市井之中。

　　至於產品使用者的分布，則隨人口分布而分布，人口眾多密集的都市地區全部受害的消費人數可能最多，但收入偏低的鄉村地區逼不得已使用價錢較低廉的劣質品或偽造品的比例則可能偏高。

（三）危害後果

　　不良工業技術的使用，可能使生產者獲得暴利，卻往往使消費者受到危害，包括金錢的、精神的、健康及生命安全上，都可能受到危害。金錢上的危害常因劣質產品耐久性低，用之不久即變壞，不堪使用，只能當成廢物處理。精神上的危害是指消費者使用偽劣產品後無不氣餒、失望或不滿，精神上都會受害。健康與生命安全上的危害是指消費者使用後可能導致生病，危害健康，嚴重者可能中毒死亡。此種健康與生命危害的後果可能擴及無辜的平民百姓，雖不直接消費，卻無形中也慘遭池魚之殃。近來不少養殖業者及水產消費者雖非直接消費有害的工業產品，卻因受到有毒廢水汙染到水產，使魚貝蝦類中毒，生產者損失，食用者也賠上健康與性命。

六、廣闊空間的安全性

（一）工業技術可能造成嚴重災情

　　工業技術水準很高，危險性也高，一旦技術上出了差錯，都會釀成巨災大禍。世界上發生過的巨大工業災害包括數次的核子事故，以及數項重大工業災害。重要的核子事故分別發生於一九五七年的克什特姆核廢料爆炸事故、一九七九年三哩島核電廠爆炸事件、一九八六年車諾比核災事故，以及二〇一一年日本福島第一核電站事故。其他世界性的重大工業災害還有日本水俁病、印度博帕爾事件、中國吉林化工廠爆炸、中國遼寧鋼廠鋼水包脫落事故等。

　　臺灣的重要工業災害以化學工廠爆炸最常發生，其餘有工廠廢水汙染農田及河川、有毒廢氣外洩，以及油管或氣化管線爆炸等。依災害發生頻度多少而列，依次是石化、化工、冶金、煤礦及有色化學物品等。

　　各種工業災害發生後不良的後果都很嚴重，主要是造成人員及財物的損失。人員的損失包括死亡、受傷、殘廢等，財物的損失則包括燒廢、破裂、掩埋、泡水等。

（二）鄉村地區的安危特性

　　鄉村地區與都市比較，在空間上較爲寬敞廣闊，此一特性在工業災害發生時受害程度可能較爲輕微安全，也可能較爲嚴重慘烈。較爲輕微安全之處是，有較廣闊的疏散空間，分散災害的密集度，因而也可使災害程度減輕。一般火災及廢氣的災害發生時，在鄉村地區受害程度都相對較爲輕微。但是像水汙染的災害，在鄉村地區

散布的面積則較廣闊，引發家禽家畜及農作物死亡及傷害的程度則相對較高。

七、汙染物的空間處置與危害

　　當人類社會使用長遠性有毒物質愈密集的時代，廢料的空間處置常變爲一種很棘手的問題，必須找傷害最小的空間爲之置放。世界不少使用核能的國家都將核燃料置放在人煙較爲稀少的偏遠鄉村地帶，或將極端危險的工業設施也選定在偏遠鄉村地帶設置。本來危險性較低的特定鄉村地區反而變成最危險的地點。臺灣數個已建設及建設中的核電廠都選定設立在較少有人居住的濱海地區，核電廠的廢料則置放在離島的蘭嶼，鄉村地區成爲吸納高度工業災害之所在，處在此種情況下，其危險程度反較城市的危險程度高，因而引發附近鄉村居民的激烈反對。在反核及反汙染的運動中，鄉村的居民也常不落在城市居民之後。

八、保衛淨土拒絕廢地

（一）工業汙染會使土地廢壞

　　土地是人類賴以維生的立足之處及重要的生產資源，卻常因爲工業排放的廢水、廢棄物，及城市居民的用水及農業的使用等途徑而遭受汙染。汙染物的內容有除草劑、農藥、重金屬及廢料等。各

種汙染物都包含各種不同的化學元素，長久存留在土地中，散發不出去，經由土地培育出來的植物轉進侵入到人與動物的體內，繼續造成傷害。

　　有些受工業汙染嚴重的土地，含毒性高，被人類包括政府及人民列為廢地或禁地，不能生產，甚至也不能居住及活動，以免危害人體健康與生命。

（二）拒絕廢地維護土地資源

　　人類有權利拒絕居住與生產用地變為廢地。拒絕的方法與途徑通常有消極性抵制及積極性維護等兩大策略與方法。

1. 消極抵制

　　當人民發覺自己擁有或活動的土地受到破壞時，常會抗議拒絕。抗議的方法包括舉白布條上街頭，反對會造成工地廢壞的建設計畫或政策措施。拒絕與抗議的對象常是制定與實施政策的政府，以及造成汙染源的工廠主，目的在求改善政策措施，及處理與淨化汙染物。

2. 積極維護

　　較積極性的維護措施與方法是，表達意見，訴出意願，保護土地資源的乾淨，不使受到汙染與破壞，這種意見或意願常表達在汙染發生之前。由於人民對汙染廢地的反對及對土地資源的維護，常可使土地資源獲得保護，長期永續利用。

九、古老鄉村技術的復活

（一）鄉村常會保留可貴的古老技術

鄉村居民生活觀念與行為變遷較慢，故常可保留可貴傳統的古老技術。這些技術常被使用在生產及生活的活動上。這種古老的傳統技術是過去老祖宗的寶貴資源，應用在生產及生活上能產生優良的效果。

臺灣鄉村人民的主要傳統生產技術包括農業及第三產業的一部分，包括鋼鐵業、煤炭、電力、建築、汽車、紡織、輕工業及造船業等。也包括高工資的手工製造業，重要者有手工裁縫、手工廚師、手工編織、手工繪畫、手工食品、手工紙傘、手工草蓆、手工紀念品、手工背包、手工菜刀、手工陶器及手工烹飪等。這些手工的工藝技術與產品都被定位在半藝術品的高價位上，與新工業產品和平共存共榮。

（二）復活古老傳統鄉村技術的途徑

世界各地都有可貴的傳統技藝，當地民眾與政府也都作成選擇性的復活計畫。要有計畫使其復活，是因其很難與進步的科技工藝技術競爭，必須有計劃性的復活計畫，才能使其長存並發展。

復活傳統鄉村技術的有效途徑是加值，使其能變為有價的商品出售，成為有價的藝術品加以收藏保存。近來臺灣政府的文化建設單位政策性地發展文創產業，對於使傳統技術復活的作用相當有幫助。其中不少產品都與休閒旅遊等相結合，利用休閒旅遊時參觀其

製造過程，或供旅遊者當做伴手禮品紀念品加以選購，都能明顯促進傳統技藝的維持與發展。

參考文獻

吳東傑，2005，《臺灣的有機農業》，遠足文化出版。

馬凱，1994，《臺灣工業發展論文集》，聯經出版公司。

江晃榮，2001，《不可思議的生物科技》，世茂出版社。

第十六章　對城市的功能角色

一、城鄉一體的概念

（一）兩種世界

　　城市與鄉村是一國之內的兩種地方，也是兩樣世界。兩地人民組合的結構與性質不同，生計方法不同，生活方式也有不同。在鄉村方面，人口同質性較高，密度較低，多數是本地人，較少有外來人口。生計方面，多數以務農等從事初級職業。生活方式較為自然樸實，少有繁華奢侈。鄉村的人活動空間相對較為封閉狹窄，少到外地觀光旅遊，一生固守家園故土。

　　相反的，城市人口的異質性較高，密度較高，較多來自外地的人。主要生計是從事商業及服務業，生活方式較繁華富貴，講究體面與享受，性格上也容易養成虛假、飄浮與奸詐，瞧不起鄉下人的土氣。

（二）分不開的密切經濟與政治關係

　　儘管鄉村與城市的人文地理與社會文化會有區別，但兩種地方同是國土的一部分，不論在形式的關係或實質的關係都密切關聯，分割不開。如同連體嬰，也如同生命共同體，有唇亡齒寒的緊密關係。不少都市人口來自鄉村，也都存有鄉村老家。城市人需要的糧食多半由鄉村的農民供應，鄉村需要的許多生活資源與訊息也得自城市。在行政系統上，總樞紐設立在城市，鄉村人民都受其管轄與治理。

（三）綿密的社會互動

　　城鄉兩地的居民互有緊密的社會互動，其中有家人親友的親密互動，也有生活上相互依賴的互動。密切的社會互動使兩地不可分割，形成一體，相依爲命，唇亡齒寒。許多建設與發展方案必須整體規劃，於是不宜有如中共在過去實施城鄉兩元的行政體制，有必要破除戶籍流動管制。臺灣城鄉一體化原則上自早就存在，但也可能因爲行政上對鄉村建設有疏忽，以致也會發生城鄉差距的問題。

二、城鄉的就業連結

（一）人力主要由鄉村遷移城市就業

　　就業是人民生活必要的方法與手段，由就業賺取所得，交換所需各種物資及生活上各種必要的其他開支，因此幾乎人人都要就業工作。在工業化與都市化以前，社會上多數的人都住在鄉村從事農業。在小農條件的國家，多數的人生產農產品除供應自己使用外，所剩無幾，因此生活水準都不高，但要在農業外就業賺錢卻少有機會。

　　工業化與都市化以後，工廠需要勞工，都市需要商業上及服務的勞力，吸引鄉村的人力前往工作就業。到工廠及都市就業的鄉村人力多半可以獲得比留在鄉村務農時較高收入，可改善生活水準。都市的各種設施與服務也都比鄉村充實且豐富，到了都市的人力多半就長期定居下來，變成都市中的新人力，也是新住民。

（二）到都市就業過程都經由中間人引介

鄉村的人力到都市就業多半都經由中間人的連結過程，中間人包括兩種，一種是自己的親人，包括家人、親戚、同鄉、同學等相互認識且關係密切的人，另一種是專業性的職業介紹所或仲介業者，後者有由政府設立的服務性機構，也有由私人設立的營利性組織。有些牽引的中間者是大眾傳播媒體，如報紙或網路等，經由中介者的引導，求職者才能獲得資訊及就業、工作機會。

（三）鄉村在城鄉就業連結中的角色

城鄉就業連結牽連鄉村及城市兩地，在此種連結的過程中，鄉村所扮演的最重要角色是供應人力。除此，還有若干角色也會同時或隨之發生，這些角色包括由就業者攜帶未就業的家屬遷移到都市就學或定居，變賣鄉村的資產如土地，供移民在城市置房或投資的資本，賣出的土地有的由留鄉的農民吸收，有的則由城市的人承接購買。若係後者，乃也為促使城市的人對鄉村變遷與動態留下潛在的因素。

多半前往城市就業的鄉村人民都保存老家的祖厝房宅，做為過年過節返鄉祭祖省親的據點，因此鄉村也為許多新城市人留下了根源，不至於與農業及祖先的淵源完全切斷。此種角色對於許多城市的人是另一種很重要的心理與文化連結，使其仍有接觸鄉村美好及辛苦文化與精神的機會，在生活習慣與精神感受上，不至於太快速完全遺忘鄉村，完全城市化。

三、由人口外流到回流

（一）主要流向

　　鄉村的人口隨人力到城市就業也同時外流，主要流向城市，也有流向附近的小鎮或其他鄉村地區者，但相對比流向都市者少。

　　由臺灣各地鄉村外流的人口最多流向南北兩極，南極是大高雄地區，包括原來的高雄縣市等，北極則指大臺北地區，主要包括舊臺北縣市以及桃園縣。逐漸流向中部的臺中市及南部的臺南市者也有不少。移往大都市的人口數量相對較多，遷移之後多半也都定居下來。許多遷移者由原來的農民變為工人、商人或服務人員。

（二）遷移人口不分男女老少及各階層

　　臺灣因為空間距離狹小，交通資訊也發達，人口遷移相對容易，不分男女老少及各階層。不同性別年齡及階層人口的遷移可能會有先後差異，但長期間觀察，差異不大，一生當中有遷移經歷者，比例都很高，可說選擇性相對較低。遷移的方式很大眾化，學理上稱為大眾遷移（mass migration）。

　　不少鄉村人口遷移過程是年輕人先到城市打拚謀生，短期內將小孩留在鄉村由年長的父母代為照顧，等在都市的工作及生活根基較為穩固了，再將年幼的子女與老年的父母一齊接往城市。也有由年老父母留鄉，至老到不能自力生活時，再接往都市一起居住，或請僱外勞到鄉村照護。

（三）失業者與退休者也有可能回流還鄉

　　遷移城市人口也有部分回流鄉村的情形，一種是當經濟不景氣時，在城市遭遇失業的問題，可能回流鄉村，重返家園，再拿起鋤頭種田謀生。另一種是退休之後返回到較安靜的鄉村度過晚年。至今回流返鄉的人口雖不很多，卻也有其人。如果國人能學日本人於退休之後回到鄉村過著「半農半×」的生活，政府又能以政策性加以鼓勵，便可減輕都市人口太多、房價太貴、設施短缺的壓力。但要使都市人口願意回流鄉村，在政策上似乎有必要先改善鄉村的公共設施與服務。

四、分散都市人口的功能

（一）廣大的鄉村地區具有分散都市人口的潛能

　　地球上的人都需要生活在土地上，有地就有人，在現代都市建築技術發達，人可以生活在他人的頭上，高樓大廈層層疊疊，人上有人，樓上的人都懸空生活在土地上，但是仍以土地為基礎。一個國家的鄉村地區腹地相對廣闊，具有很大潛力，可以分散城市的人口。

（二）先進國家的經驗

　　在世界上許多開發國家的人口分布都有分散都市人口到鄉村地區的政策與措施。古老的英、法、義大利、荷蘭、瑞典等國的政府都很認真用心推行人口分散化政策，美國的人口政策顧問也建議

聯邦政府跟進。臺灣至目前為止，政府的政策似乎仍然處於不斷在大都市中擴建高樓大廈，並不要分散人口到廣大鄉村的主意，致使城市的房價不合理高漲到令一般薪水階級不敢過問，少有人能買得起，卻賺飽了建商與大地主。似乎到了應該調整政策的時候，改由發展鄉村，分散都市人口。

（三）郊區鄉鎮區分散都市人口潛力較高

以當前人口流動的趨勢，要使鄉村地區普遍吸收都市人口，使其普遍分散，可能性似乎不大。但在都市近郊的鄉鎮區，發展成都市副中心，吸引並分散部分都市人口的可能性卻很大。臺北近郊區，新北市境內的三峽、蘆洲、林口，及桃園市的蘆竹、大園、八德、龜山、楊梅等區，原是都市的郊區，目前都已發展成衛星都市，分散了不少臺北都會中心的人口。但是這種近郊鄉村的發展模式卻使都市更加膨脹，未能達到真正分散人口集中都會的目的。如果能學先進國家，在全國最落後的鄉村地區增加投資建設，使其更積極發展，則分散都市人口的目標便更可預期。

五、保存農業供應市民糧食

（一）基於區位分工鄉村生產糧食的角色與功能至為重要

鄉村與都市雖是分不開的連體嬰，但兩地的人文區位性質畢竟尚有差異。基於兩地區位特徵不同，彼此分工合作仍有必要性，在此原則下，鄉村地區最必要扮演的角色及必要克盡的最重要功能是

生產糧食。

　　鄉村必要生產糧食的重要性相當明顯，因為民以食為天，全國人民不能一日無糧，各種糧食則由農民經營農業生產得來。雖然當今國際貿易發達，許多國家需要的糧食都可仰賴自外國進口，但是進口糧食有幾項危險的問題：第一，當供應國發生災荒或戰爭，糧食減產，出口緊縮，則依賴國立刻會有斷糧之虞。第二，進口國家與輸出國家的關係變壞，也會遭受出口國抵制供應。第三，外國糧食產品生產過程非我國政府所能控制，對其產品的品質難以掌控，若在生產過程有問題，可能嚴重影響進口國國民的健康。第四，外國的糧食產品未必都符合國人的口味與需求。進口糧食因有這些問題，可能形成無法保證量與質的安全，不如在本國境內的鄉村地區，由本國農民生產供應較為可信與可靠。

（二）要求鄉村扮演生產糧食角色必須給農民獲得公平的報償

　　供應糧食既是鄉村的功能及農民的財產，也應使鄉村及農民得到公平的報償，包括有較平均的收入及生活水準。由於農民數量變少，政治力脆弱，必須由政府做主，維持其與都市居民較公平的待遇，也能過較平等的生活。在政策上採取保護農業及農民的政策，提供農民福利有其必要。

六、吸收都市失業人口

　　鄉村對都市有一項重要的功能與角色是，吸收都市失業人口。

此項功能與角色的重要性可分成幾點說明。

（一）都市地區有高失業率的可能性

　　不論是開發中或已開發國家，都市地區都有發生高失業的可能，失業率之高常達兩位數以上，尤其過度城市化的地區更為嚴重。臺灣在晚近因為政策的失誤等因素，經濟很不景氣，失業率不斷提升，在鄉村地區的農業工作，會有隱藏性失業或偽失業的現象，但在城市失業無處可隱藏，成為公開性，因此失業率常高過鄉村地區許多。依照行政院主計處的統計，在二○一二年全臺灣平均失業率高達4.18%，至二○一三年十一月時為3.89%，但同時間十五～二十四歲的青年失業率則高達13.17%。又在二○一○年時全臺灣總失業率為5.43%，但臺北市的失業率為5.5%，桃園市、臺中市及高雄市均為5.6%，都高出平均水準。唯最高的縣分是臺東縣為5.7%，可能因為地處偏遠，投資少、就業機會少之故。

（二）都市地區高失業的原因

　　就總體經濟理論上言，高失業有兩種重要說法，一種是古典學派的要素比例固定說，另一種是新古典學派的要素價格扭曲說。前種理論是指投資不足會造成就業不易，而形成失業；後種則是指勞動要素，價格因受到工會壓力、最低工資法律、高工資政策、工資津貼，或獎勵投資等因素，扭曲工資價格，造成工人工作不力而失業。但在臺灣產業外移、製造業部門所得比重減少、外國競爭對象出現，及技術轉移等因素，致使出口困難，企業界對高齡勞工存在歧視等，都是造成高失業率的重要因素。

（三）鄉村的農業如海綿吸收失業者

當都市出現高失業率的情況，鄉村地區的農業部門常扮演一種如海綿吸水一般，具有吸收都市失業者的功能與角色。所吸收的人最可能是從鄉村移往都市的青年失業人口，這些青年失業者於失業期間最有可能被家鄉保存的農地吸收，返鄉種田，渡過失業難關。此時若政府能實施青年返鄉就業計畫，就更能有效減低都市地區青年失業率。過去臺灣農政部門曾實施「候鳥計畫」，屏東縣政府推行「燕南飛計畫」，南投辦理「青年還鄉再創人才新出路」活動等，都能多少吸引人力還鄉就業。但因計畫規模不大，能吸引人才人力還鄉的效果也較有限。

七、城鄉差距與均衡

（一）城鄉差距的定義、問題與原因

1. 定義

城鄉差距是指都市與鄉村之間在經濟、社會、文化、教育、衛生等多方面上的不平等與差異性。一般鄉村的水準都相對較低，條件也較差。

2. 問題

臺灣城鄉差距存在於許多面向，其中尤以所得差距、教育差距、醫療衛生差距最為明顯，也最受注意，就此三方面的差距問題，以主計處統計的若干資料具體說明如下。

(1) 所得差距

　　我國農家與農民所得偏低是長期歷史上存在的問題。依照行政院農委會公布的資料，約自一九六八年以後至二十一世紀的前十年，歷年農民平均所得約僅為非農家所得的75%上下，而農民每人所得占非農民每人所得比例更低，常低到60%左右。農家與農民所得偏低，消費水準也偏低，表示其生活水準也偏低，在食、衣、住、行、育、樂等各方面的生活水準與品質，也都相對較差。

(2) 教育差距

　　鄉村教育差距可分為兩大方面，一為人民教育程度的差距，二為教育設施與資源的差距。在二○一三年時，滿十五歲以上人口教育程度為大專以上者，所占比例在首善之區的臺北市是69.24%，但在偏遠鄉村縣分的臺東僅有20.92%。同年，臺北市的公立公共圖書館個數有四十九所，臺東縣只有十七所。而在同年每一位國中教師平均教導學生數，在臺北市是11.06人，臺東縣為13.05人。從這些簡要的統計資料，即可看出鄉村地區的教育程度及設施與資源，都遠不如主要都市。

(3) 醫療衛生的差距

　　比較在二○一三年時臺北市與臺東縣每萬人的病床數，在臺北市是90.23床，在臺東縣僅有69.61床，而同年每萬人執業醫事人員數在臺北市為179.20人，在臺東縣僅有99.19人，顯然偏遠的鄉村地區的醫療設施與服務都相對偏少。就衛生水準方面的比較看，若選擇嬰兒死亡率為指標，在二○一三年時臺北市是3.80‰，但在臺東縣則高到6.00‰。由此可見鄉村地區的衛生水準也遠低於都市地區。

八、國家後續發展的關鍵所在

　　一個國家的發展面向很多，也都應顧全，但就未來後續發展的關鍵面向，必須考慮兩項重要指標，一是發展的必要性，另一是發展的限制資源。就此兩種指標看，鄉村都比都市更為關鍵。由於目前鄉村的發展水準相對落後，未來後續的發展，鄉村絕對比都市更為殷切與必要。又因未來國家的多種重要建設，最受限制的要素是土地資源，鄉村的土地資源遠比都市豐富，因而也更具備發展潛力。就鄉村在這兩個發展關鍵要素與條件再進一步說明如下。

（一）今後鄉村比都市更迫切需要建設

　　鄉村的公共建設常因相對成本較大，較不合乎經濟利益，以致常被忽視或排序在後，但以今日城鄉發展與建設差距之大，往後的建設資源分配有迫切加強鄉村建設的必要。有下列幾點重要的理由：

　　1.鄉村許多必要的公共設施與服務明顯不足，但在城市地區都因經費預算較為充裕，常見有不斷修改工程、浪費財源的弊端，實有調整城鄉預算的必要。

　　2.鄉村人民與城市人民同為一國國民，兩者應享有較公平的公共服務，但目前鄉村人民能享有的公共服務，如交通、醫療、教育及休閒娛樂等都相對不足，實有加強的必要。

　　3.目前都市地區因人口聚集，房價飆升，人民置產安居困難，政府的明智之舉是建設農村，使人口願意也能分散工作與居住地點，藉以減輕城市人口及住宅的壓力，也相當於減輕政治壓力。

（二）未來國家多種發展最缺乏與最關鍵的土地資源，鄉村比都市優勢

要使國家的水準與程度再提升，必須再做多種實質與社會、經濟、文化方面的發展，許多實質的建設與發展都需要多種基本資源，包括土地、人力與資金，其中資金資源城市較為優勢，但土地資源在鄉村地區通常較占優勢，故有不少占地較多的發展與建設、有潛力的發展地點應在鄉村，尤以需要較廣闊廠房用地的工業、大型的醫療中心、休閒娛樂區等，都只能設立在土地較多的鄉村。這種資源供應與服務需求有不一致性的問題，可由吸引需求與人口前往接近設施，比由放棄遷移消費者而將設施與服務推擠到接近消費群，會較為恰當。

九、非常時刻人口的逃難去處

在人類社會演化的過程中曾經發生的重大災害有瘟疫、戰爭、地震、海嘯、火山爆發、水災及核能災害等。各種災害如果發生或影響到都市地區，情況都會較為嚴重。為減輕災害，常有必要疏散人口。應對有傳染性的災害，可將人口疏散到人口密度較為稀疏的鄉村，安全性會較高。歷史上發生嚴重傳染性的瘟疫或流行性疾病以及戰爭的災害時，政府常規劃並下令人口疏散到鄉村，藉以保全人民的生命及安全。

不少都市居民與鄉村地區的居民都有特殊的密切關係，如為故鄉的親人或要好的鄉村朋友，都是可能接納逃避災難市民的對象。

如果災害發生的地點是在鄉村，如地震或火山爆發、海嘯、水災及核災等天然或人為事故，難民也少被安置到人口密集的都市，以免造成更加紛亂與麻煩。通常會選擇安頓在離災區不遠卻無安全之虞的其他鄉村地點，災民可以比較方便就近整治受害的家園。

十、都市人喜歡到鄉村休閒旅遊

近來鄉村地區對於都市的人口扮演一種重要的新角色是提供都市人口休閒旅遊的去處。都市居民長年面對水泥森林的都市建築物及擁擠的人群，在感到厭煩或苦悶之時，都會喜歡接近較寬闊空間並有綠意的鄉村，藉到鄉村休閒旅遊，紓解精神上的壓力及體能上的勞累。

近來臺灣工業化及都市化程度變高，人民對於休閒旅遊生活的需求也較殷切，休閒旅遊的消費能力也較前為強，鄉村休閒旅遊事業乃應運而生。不少自然景點、休閒農場或休閒農業區，以及具有休閒旅遊價值的村落社區，每逢週末假期都有許多來自外地的休閒者與觀光旅遊客，促進當地經濟的繁榮，也能滿足遊客的休閒旅遊目的，休閒旅遊事業也必定將會成為臺灣未來鄉村發展的重要目標。

參考文獻

行政院主計處，2014，臺灣教育統計。

行政院主計處，2014，中華民國統計資訊網。

衛生福利部統計處，2014，臺灣各縣市衛生統計年報。

行政院主計處，2014年，臺灣地區家庭收支調查。

陳坤宏，2013，《城鄉關係與教育》，麗文文化出版。

國家圖書館出版品預行編目資料

臺灣鄉村的新出路／蔡宏進著. ——初版.
——臺北市：五南, 2016.02
　　面；　公分
　ISBN 978-957-11-8470-8 (平裝)

1.鄉村社會學　2.臺灣

545.5　　　　　　　　　　104029012

1JDU

臺灣鄉村的新出路

作　　者 — 蔡宏進

發 行 人 — 楊榮川

總 編 輯 — 王翠華

主　　編 — 陳姿穎

責任編輯 — 邱紫綾

封面設計 — 吳雅惠　陳翰陞

出 版 者 — 五南圖書出版股份有限公司

地　　址：106台北市大安區和平東路二段339號4樓

電　　話：(02)2705-5066　　傳　　真：(02)2706-6100

網　　址：http://www.wunan.com.tw

電子郵件：wunan@wunan.com.tw

劃撥帳號：01068953

戶　　名：五南圖書出版股份有限公司

法律顧問　林勝安律師事務所　林勝安律師

出版日期　2016年2月初版一刷

定　　價　新臺幣320元